Eine Auswahl italienischer Pasta-Sorten **mit Ei** finden Sie auf der hinteren Klappe des Buches.

KURZE FORM

Ditali

Anelli | Anellini

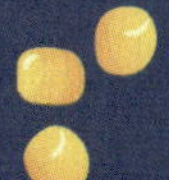
Fregula

Risi | Risoni | Orzo

Stelline

Cavatelle | Cavatelli

Rotelle | Ruote

Farfalle | Minifarfalle

Maccheroni

Orecchiette

Trofie | Trofiette

Fusilli

Minifusilli

Rotini

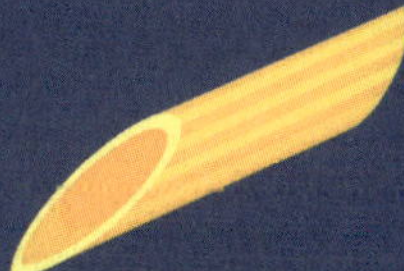
Penne

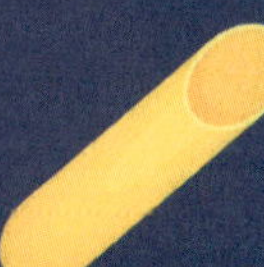
Pennoni

Casarecce

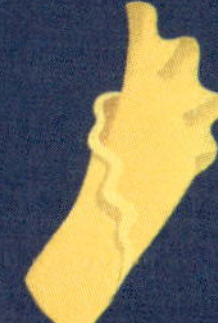
Campanelle

Pennette lisce | Pennette rigate
Minipenne | Penne mezzi

Ziti

Garganelli

Creste

WWW.MENGENRECHNER.DE

kcal

UNSER KOSTENLOSER SERVICE FÜR SIE

DER EINKAUFS- UND ERNÄHRUNGSASSISTENT FÜR KOCHBÜCHER VOM BECKER JOEST VOLK VERLAG

Abschreiben oder Abfotografieren war gestern
Rezepte aus unseren Kochbüchern lassen sich kostenlos auf www.mengenrechner.de an die Personenzahl und individuelle Portionsgrößen anpassen und als E-Mail auf Ihr Smartphone schicken oder gleich dort aufrufen. Zutaten lassen sich streichen, neue Zutaten ergänzen.

Rezept- und Zutatenfilter
Suchen Sie zum Beispiel nach veganen, vegetarischen, glutenfreien, laktosefreien oder nach Rezepten mit Zutaten, die Sie noch vorrätig haben. Speichern Sie Lieblingsrezepte und Einkaufslisten.

Persönlicher Ernährungsassistent
Sortieren Sie Rezepte nach Kalorien, Kohlenhydraten, Fett- oder Eiweißgehalt. Berechnen Sie wissenschaftlich Ihren täglichen Kalorienbedarf und -verbrauch. Legen Sie Maximalwerte für Kalorien- oder Kohlenhydrataufnahme fest. Führen Sie Tagesprotokolle mit Nährwertbilanz.

Kochen mit
Martina und Moritz

Foodfotografie
Hubertus Schüler

Porträts
Jessy Stapf

Mozzarella-Spätzle alla caprese

Cannelloni

Bandnudeln mit frischen Steinpilzen

Fusilli mit Pfifferlingen und Böhnchen

Ravioli mit Kartoffeln und Borretsch

Spaghetti alla carbonara

Papardelle mit Kaninchen-Sugo

Frischkäsetorte mit knusprigem Kadayif

Thai-Nudeln mit Broccoli und Garnelen

INHALT

Unser Lieblingsessen: Nudeln!

35 Kilogramm Pasta verspeist jeder Italiener durchschnittlich im Jahr. Bei uns sind es nicht einmal 10 Kilo, die statistisch gesehen jeder Deutsche im selben Zeitraum durchschnittlich vertilgt. Unser Nudelverbrauch ist also ausbaufähig! Wir wünschen uns, dass unser Buch künftig dazu beiträgt.

Dafür haben wir unsere Lieblingsrezepte zusammengesucht, vieles neu ausprobiert und ausgetüftelt und zur Begutachtung unseren Gästen und Kochschülern vorgesetzt – von Italien inspiriert, der dominierenden Heimat aller Nudelgerichte, aber auch aus unserer heimischen Region. Gerade in Süddeutschland gehören Nudeln zur DNA, von Spätzle und Knöpfle bis Maultaschen und Nudelflecken. Und natürlich hat uns auch diesmal wieder der Blick in die Küchen Asiens angeregt, aus denen wir ja immer ganz besonders gern unsere Ideen beziehen.

Vielleicht beruhigt es Sie: Nudeln sind gesund. Das lässt sich tatsächlich pauschal behaupten. Die Kohlenhydrate, die sie liefern, spenden dem Körper schnell Energie, die er rasch und vollständig verwerten kann. Die Kalorien setzen sich nur auf die Hüften, wenn man zu viel davon zu sich nimmt. Allerdings: Leider kann das nur zu leicht passieren, weil Nudeln einfach immer verteufelt gut schmecken.

In Italien kommt in den meisten Regionen mindestens einmal täglich Pasta auf den Tisch, sie ist ein Eckpfeiler der sogenannten mediterranen Diät. Eigentlich eine Vorspeise, der nur noch ein kleines, bescheidenes Hauptgericht folgt, ein Stück Fisch oder Fleisch, ohne weitere Beilagen, höchstens etwas Gemüse. Davor darf es ein Teller mit Antipasti sein, also ein Gericht vor der Pasta, immer abwechslungsreich, verschiedenste Gemüse, frisch, roh, gedünstet, gekocht oder eingelegt, da ist die Fantasie grenzenlos, eventuell ein paar Scheiben Wurst, Schinken, marinierter Fisch oder auch Käse. Und als Dessert genügt meist frisches Obst, was gerade reif ist. Ein solch klassisches Menü in Italien ist bunt, abwechslungsreich, immer bekömmlich und gesund, weil es Vielfalt, aber nie zu viel bietet. Aber es kommt heutzutage auch dort nicht mehr täglich in dieser Ausführlichkeit auf die Tafel, man begnügt sich zunehmend mit einem Teller Pasta als Hauptmahlzeit. Bei uns sind Nudeln traditionell die Beilage zum Hauptgericht, die Sättigungsbeilage, wie es so schön heißt. Sie geben Suppen und Eintöpfen mehr Gehalt oder sind mit einer Sauce eine ganze Mahlzeit. Höchstens ein Salat dazu, um das Essen zu komplettieren. Vielgängige Menüs leistet man sich bei uns ja eher zu besonderen Gelegenheiten.

Pasta lieben alle – es sei denn, sie wurde schlampig, also zu lange gekocht. Denn das ist zunächst einmal das Wichtigste: Niemals dürfen Nudeln zu weich sein, sie müssen noch Biss haben, den Zähnen noch leicht Widerstand bieten. „Al dente" nennt man das, das gilt als Richtschnur, wobei der Grat schmal ist: Zu feste Pasta, mit einem weißen Mehlkern im Inneren, ist ebenso schlimm wie die matschig gekochte. Ist diese Hürde genommen, sind Nudeln das Vielseitigste, das man in der Küche haben kann: Sie passen sich an, ordnen sich unter, vereinen sich mit den unterschiedlichsten Gewürzen und Zutaten zu immer wieder neuen köstlichen Kombinationen. Der Stoff, aus dem man Lieblingsgerichte macht! Ihre Bandbreite reicht vom 5-Minuten-Gericht bis zum aufwendigen Luxusessen, ganz nach Lust, Zeit und Möglichkeit. Und sie werden nie langweilig! Man könnte mehr als ein ganzes Jahr täglich Nudeln essen, ohne sich auch nur einmal wiederholen zu müssen.

Wir hoffen, wir können Sie dafür mit diesem Buch für eine ganze Weile mit Ideen versorgen. Und wünschen Ihnen ebenso viel Vergnügen wie Genuss beim Nachkochen.

Martina + Moritz

Nudeln – ein ganzer Kosmos

Im Supermarkt kann man endlos an langen Reihen von Nudeln vorbeispazieren – wer zählt die Sorten, kennt die Namen, wie soll man sich da auskennen und die richtige Auswahl treffen?

Zuallererst unterscheidet man zwei Sorten: Nudelteig mit Ei und Nudelteig ohne Ei. Nudelteig mit Ei ist die traditionelle Wahl, bekannt für sein reichhaltiges Aroma und seine üppige Konsistenz. Dieser Teig enthält normalerweise nur Mehl, Eier und etwas Salz.

Nudelteig ohne Ei hingegen besteht aus Wasser und Mehl. In jedem Fall sollten die Nudeln aus Hartweizenmehl hergestellt sein, das steht immer deutlich auf der Packung und es ist wichtig. Denn der Hart- oder Durumweizen gibt den Nudeln den nötigen Biss. Er enthält im Vergleich zum Weichweizen weniger Stärke, dafür mehr Gluten, das ist das Klebereiweiß, das dafür sorgt, dass das Mehl langsamer Flüssigkeit aufnimmt und besser speichert. Es ist ein besonders hochwertiges Getreide, das neben mehr Protein auch mehr Mineralien liefert, wie Kalium, Calcium, Eisen, Zink und Phosphor; er bringt jedoch leider auch weniger Ertrag als Weichweizen und ist daher teurer. Man erkennt Hartweizen und alles, was daraus entsteht, übrigens auch an der Farbe – das Mehl ist gelblich, nicht weiß. Deshalb ist auch das aus Hartweizenmehl gebackene Brot, das man in manchen Regionen Italiens liebt, deutlich gelb – das rührt vom Hartweizen her, nicht etwa von Mais, wie manche glauben.

Ob Nudeln von handwerklich guter Qualität sind, kann man tatsächlich sehen: an der gelblich-bräunlichen Farbe, aber auch daran, dass die Nudeln matt schimmern, wie Seide etwa, und leider auch am Preis, denn die Verarbeitung ist aufwendiger. Nur Nudeln bester Qualität werden durch Bronzematritzen gepresst (was übrigens auch immer als Verkaufsargument auf der Packung steht), um ihre typische Form und Länge zu bekommen. Das verpasst ihnen eine raue Oberfläche, die für mehr Geschmack sorgt und dafür, dass die Sauce sich besser anschmiegt und haften bleibt. Denn ganz klar: Ohne Sauce ist die beste Pasta nichts! Außerdem gönnt man handwerklich produzierter Pasta mehr Zeit zum Trocknen, bis zu 36 Stunden bei schonenden Temperaturen, während für Billigmarken einfachere Teflonmatritzen einen schnelleren Durchgang ermöglichen und in heißen Trockenöfen gerade mal eine Stunde ausreichen muss.

Ob Pasta-Teig mit oder ohne Ei hergestellt wird, ist in Italien je nach Region ganz unterschiedlich. Mehr darüber ab Seite 11, wo es ums Selbermachen von Nudeln und die verschiedenen Mehlsorten geht, die man dafür einsetzt.

Frische Nudeln lieber locker ausstrecken als zum Nest formen, so können sie besser trocknen.

Nudeln richtig kochen

Selbst Nudeln allerbester Qualität kann man mit falscher Behandlung am Ende ruinieren, deshalb hier die wichtigsten Faustregeln:

Der richtige Topf: Nudeln brauchen Platz! Lieber einen zu großen als zu kleinen Topf nehmen, für 100 g Nudeln 1 Liter Wasser rechnen. Nudeln wollen schwimmen, in viel Wasser schwimmen, sonst werden sie pappig. Den Deckel auflegen, bis das Wasser zum Kochen kommt. Wenn's schnell gehen soll, einen Teil des Nudelwassers im Wasserkocher aufsetzen – das spart die halbe Zeit. Sobald die Nudeln im Topf sind und das Wasser wieder kocht, muss der Deckel weg, das Wasser leise, nicht brodelnd am Kochen halten.

Salz: Zu wenig Salz ist genauso schlimm wie zu viel, denn dann schmecken die besten Nudeln langweilig. Man rechnet pro Liter 1 gehäuften Esslöffel. Sogar etwas mehr, wenn es sich um frische Nudeln handelt, die ja erheblich kürzer im Kochwasser sind. In Italien nimmt man als Maß „so salzig wie das Meer", das sind etwa 25–35 g Salz auf 1 Liter – das kann, je nach Sauce und Begleitung, jedoch zu viel sein. Salz erst zufügen, wenn das Wasser kocht? Ja, unbedingt, denn zum einen spart man Energie, da der Siedepunkt ohne Salz schneller erreicht wird. Zum anderen löst sich Salz besser in heißem als in kaltem Wasser, eine Binsenweisheit. Aber wenn man es ins kalte Wasser gibt, sinkt es auf den Topfboden, wo es Flecken verursacht, die dem Material auf Dauer schaden.

Umrühren: Selbst extrem lange Spaghetti bitte niemals in Stücke brechen, das wäre ein Sakrileg! Natürlich passen sie trotzdem in den Topf: ins kochende Wasser stellen, vorsichtig nachschieben, sobald sie weich werden, bis sie komplett darin verschwunden sind. Und dann umrühren, damit sie nicht zusammen- und nicht am Topfboden kleben! Gilt natürlich auch für jede andere Pasta: immer wieder mal während des Kochens umrühren, um sie daran zu erinnern, dass sie ja schwimmen sollen.

Kein Öl ins Kochwasser! Öl macht die Nudeln glatt – und an glatten Nudeln kann keine Sauce mehr haften. Außerdem schütten Sie es beim Abgießen ohnehin weg. Besser einen guten Schuss zum Schluss über den angerichteten Teller träufeln. Verwenden Sie hochwertiges Olivenöl, das macht Nudeln besonders bekömmlich.

Garpunkt überprüfen: Unbedingt 1–2 Minuten vor Ablauf der auf der Packung angegebenen Garzeit eine Nudel auf Bissfestigkeit überprüfen. Vor allem, wenn man sie noch in der Sauce nachziehen lassen will, dann muss sie früher aus dem Kochwasser genommen werden.

Nudeln niemals abschrecken, auch nicht abtropfen lassen! Sie werden dabei kalt, trocknen aus und kleben zusammen. Lieber mit einer Nudelzange aus dem Kochwasser heben und unverzüglich mit der Sauce mischen. Dabei am besten auch gleich einen Teil vom (natürlich frisch geriebenen) Käse zufügen, der sich so besser verteilt. Eine größere Menge kann durch ein großes Sieb abgegossen werden, nicht abtropfen, sondern sofort, mit reichlich anhaftendem Wasser unter die Sauce mischen. Und: Immer eine Tasse Nudelkochwasser bis zum Schluss aufbewahren! Ein Schuss davon in die Sauce oder unter die angemachten Nudeln gibt mehr Saftigkeit und macht sie geschmeidiger.

Jetzt kann serviert werden. Kann? Nein, muss! Pasta stehen zu lassen ist eine Todsünde! Deshalb wirft man sie immer erst ins Wasser, wenn gesichert ist, dass am Ende ihrer Kochzeit (steht immer auf der Nudelpackung – bitte beachten!) sowohl die Sauce wie die Gäste parat sind. Nudeln darf man niemals warm halten! „Butto giu la pasta!", ist in Italien die strikte Aufforderung, sich zu Tisch zu begeben: „Ich werfe die Pasta ins Wasser!" Dann weiß jeder, es wird bald serviert. Merke: Lieber warten die Gäste auf die Nudeln als umgekehrt.

Was ist mit One-Pot-Pasta? Es ist Mode, die Pasta nicht in Wasser, sondern gleich in der Sauce zu garen – das spare Energie. Kann man machen, sollte man aber nicht. Schade um die Nudeln, die so unweigerlich pappig werden!

Perfekte Pasta-Zutaten

Ein Gericht schmeckt so gut wie seine minderwertigste Zutat, das nimmt niemanden wunder. Wenn man also schon eine erstklassige Pasta eingekauft oder sogar selbst gemacht hat, wäre es ein Jammer, sie mit minderwertigen Zutaten zu verbinden. Da wäre also schon mal:

Der richtige Käse: Er gibt der Pasta die passende Würze und sorgt für die gewünschte Geschmeidigkeit oder Viskosität (Bindung) der Sauce, indem er sich mit der im Nudelkochwasser gelösten Stärke verbindet und an die Nudeln schmiegt. Wenn in unseren Rezepten von **Parmesan** die Rede ist, dann ist natürlich der einzig richtige, wahre Parmesan gemeint, der ausschließlich so genannt werden darf, wie der Europäische Gerichtshof schon vor fast 20 Jahren geurteilt hat, der kostbare **Parmiggiano Reggiano** aus der Emilia-Romagna. Jener Region in Oberitalien, wo der Käse aus Milch der dortigen Kühe nach sehr präzisen, streng kontrollierten Regeln produziert wird. Parmiggiano Reggiano wird meist am Stück verkauft, auf der Rinde ist deutlich diese Herkunft unverwischbar aufgedruckt. Sollte er bereits gerieben sein, muss die Herkunft auch auf dieser Packung stehen. In Deutschland mit dem Zusatz g. U., italienisch Denominazione d'Origine Protetta (DOP), das bedeutet „geschützte Ursprungsbezeichnung" und garantiert, dass der Käse nach allen Regeln und Vorschriften erzeugt wurde. Parmesan wird in unterschiedlichen Reifegraden verkauft, von zwölf Monaten (nuovo), 15 bis 24 Monaten (vecchio), bis zu 36 und 48 Monaten (stra vecchio), manchmal sogar noch mehr. Man kann ihn gern auch durch **Grana Padano** ersetzen, der aus der Nähe kommt und ebenfalls aus Kuhrohmilch hergestellt wird. Allerdings mit geringerem Fettgehalt ausgestattet und aus ganzjährig gewonnener Milch wird er mit weniger Aufwand hergestellt, weshalb er nicht ganz so teuer ist wie Parmesan. Parmesan darf nur während der Weidesaison produziert werden, was allein schon die Menge reguliert. In südlichen Regionen Italiens wird eher **Pecorino** als Reibkäse eingesetzt, von „pecora", Schaf, also aus Schafsmilch, gern mischt man ihn mit Parmesan oder Grana. Präziser heißt dieser Käse Pecorino romano, also römischer Schafskäse, im Unterschied zum Pecorino toscano oder sardo, die weniger gesalzen und gereift sind und deshalb weniger zum Reiben, sondern eher jung zum Frischessen gedacht sind. **Ricotta** ist ein herrlicher Frischkäse aus der Molke, die beim Käsen zurückbleibt. Sie wird erneut erhitzt (ricotta = wieder aufgekocht), das noch beträchtlich darin vorhandene Eiweiß flockt aus und lässt sich zu einer weißen quarkähnlichen Masse abtropfen. Sie ist mild und sanft und lässt sich deshalb vielfältig einsetzen, anders als unser Quark, der immer säuerlich ist. Getrocknet und gereift liebt man Ricotta salata, gesalzenen Ricotta, in Sizilien als besonders milden und trotzdem herzhaften Reibkäse – zum Beispiel für Pasta alla Norma (Seite 49). **Mozzarella,** der frische Käse aus gekochter Büffelmilch, kommt eher in Mittelitalien zum Einsatz, gern auch als Burrata, gefüllt mit frischer Sahne. In manchen Pasta-Saucen und -Aufläufen passt dieser Käse wunderbar.

Speck, Pancetta und Guanciale: Viele Pasta-Saucen werden mit einem sogenannten **Soffritto** angesetzt. Da weiß in Italien jedes Kind, was reingehört: immer Zwiebel, Möhre, Stangensellerie, eventuell auch Knoblauch und für den Fleischgeschmack braucht man Speck. So etwas wie unseren Räucherspeck kennt man in Italien nicht, das Aroma wäre einfach zu stark. Stattdessen nimmt man Pancetta, luftgetrockneten Bauchspeck, oder Guanciale, das ist die Backe, auch das Kinn von fetten, ausgewachsenen Schweinen, natürlich ebenfalls gesalzen und luftgetrocknet. Dadurch bekommt das dortige Schweinefleisch mit seinem ohnehin schon charakteristischen Geschmack das typische Aroma, das die Herkunft sofort erkennbar macht. Ohne diese Zutat schmeckt die Pasta alla carbonara oder all'amatriciana einfach nicht so, wie sie soll!

Tomaten: Sie gehören beileibe nicht in jede, aber in viele Pasta-Saucen. Da sind zuallererst die Pelati, die legendären geschälten (daher der Name) Tomaten, die gehackten, gewürfelten, passierten. Ob man sie pur oder bereits gewürzt kauft: Geschmackssache. Uns ist der unveränderte Tomatengeschmack immer lieber. In der Tomatenzeit kochen wir sie für die endlos lange tomatenlose Zeit ein, als Püree, passiert oder als Essenz, verwenden sie aber natürlich in der Saison, solange es geht, am liebsten frisch.

Asiatische Zutaten kann man heutzutage in nahezu jedem Supermarkt finden, allerdings ist im Asia-Laden, den es mittlerweile überall gibt, die Auswahl größer und interessanter. Das Angebot der getrockneten Nudeln ist dort fantastisch, da sollte man sich einfach durchprobieren, auch mal in der Tiefkühltruhe nachgucken, es gibt dort frische Nudeln, zum Beispiel mit Enten- und anderen Eiern, und Teigblätter, die man auch prima für europäische Teigtaschen einsetzen kann. Wenn die Zubereitungsangaben auf der Packung unverständlich sind: im Laden oder im Internet übersetzen lassen. Ob die **Fischsauce** aus Thailand oder Vietnam kommt, ist (fast) unerheblich. Nur bei besten Qualitäten ist der Proteingehalt von 30 bis 40° N (N wie Nitrogen- = Proteingehalt) angegeben. Einfache Fischsaucen haben im Schnitt 20° N, was nicht weiter ausgewiesen wird. Bei den **Sojasaucen** sollte man jedoch auf die Herkunft achten. Die chinesischen enthalten oft Geschmacksverstärker und Konservierungsstoffe, manche sind dank Zuckerkulör sehr dunkel, deshalb auf die Version „light" achten. Sie haben in jedem Fall einen höheren Salzgehalt als japanische Sojasauce. Diese ist obendrein zum Unterschied nicht ausschließlich aus Sojabohnen, sondern stets mit einem Zusatz von Weizen gebraut. Das macht einen Unterschied, den man schmeckt und der den Gerichten einen anderen Charakter gibt. Indonesische Sojasaucen sind oft karamellartig süß und dick. Bei **Sesamöl** handelt es sich in Asia-Rezepten immer um ein Würzöl aus gerösteter Sesamsaat, das den Gerichten einen typischen, unverwechselbaren Touch verleiht. Darauf achten, dass „100 % Sesam" auf dem Etikett vermerkt ist, es wird nämlich gern aus Preisgründen mit billigerem neutralem Öl gemischt. Das kalt gepresste Sesamöl aus Europa ist für asiatische Gerichte ungeeignet.

ALLGEMEINE INFO ZU ZUTATEN IN DEN REZEPTEN

Orangenschale/Zitronenschale: stets von Biofrucht.
Pfeffer ist immer frisch gemahlen.

NUDELN SELBST MACHEN:

gar nicht so schwer!

Wir haben Hühner, die fleißig Eier legen, schon deshalb machen wir Nudeln am liebsten selbst. Aber nicht nur, weil wir ihrer anders kaum Herr werden, sie legen eben jeden Tag ein Ei, sondern weil uns Eiernudeln frisch einfach besser schmecken als die trockenen aus der Packung. Und sie sind uns selbst gemacht auch lieber als die vom italienischen Nudelmacher, der sie ja ebenfalls frisch anbietet – aber dessen Nudeln sind uns fast immer zu dick. Schon klar, das ist für den Verkauf nötig, damit sie nicht so empfindlich und leichter zu transportieren sind. Wir machen es lieber selbst: walzen den Teig mit unserer Nudelmaschine hauchdünn aus, stellen die Walzen immer enger, fast bis an die Stufe 1. Das sind uns die liebsten Nudeln und so mögen wir den Teig, aus dem Lasagne, Cannelloni oder Ravioli oder andere Teigtaschen werden.

Für den Nudelteig ohne Ei verwendet man in Italien Hartweizen. Bei uns kennt man ihn hauptsächlich als Grieß für Klößchen oder Brei. In Italien hingegen nimmt man Semola di grano duro allenfalls zum Bestreuen der Arbeitsfläche, damit die Nudeln nicht zusammenkleben. Für den Teig setzt man Semola di grano duro rimacinata ein, dafür wird der Grieß, die Semola, nochmals zu ganz feinem Mehl gemahlen. Danach muss man bei uns suchen, man wird fündig, in guten Mühlen (Internet), in italienischen Läden oder in gut sortierten Supermärkten.

Im Prinzip ist Nudelteig von Hand schnell gemacht. Die Küchenmaschine arbeitet jedoch schneller und problemloser. Sie hat mehr Kraft und wirkt den Teig mühelos zusammen. Allerdings läuft man oft Gefahr, zu viel Flüssigkeit zuzufügen, weil sich ein weicher Teig leichter durcharbeiten lässt, dabei sollte er schön trocken und fest sein. Das verhindert ein Kleben der Nudeln.

Nudelteig mit Ei

Bologna gilt als die Hauptstadt der Eiernudeln, die man dort gern mit der berühmten Hackfleischsauce isst, dem legendären Ragù. Und im Piemont treibt man die Liebe zum Ei im Nudelteig geradezu auf die Spitze, man wetteifert, wem es gelingt, die meisten Eigelb hineinzupraktizieren. Weil man im Piemont zum Klären des Rotweins traditionellerweise Eiweiß verwandte und noch heute verwendet, lag die Idee nahe, die vielen Eigelbe, die dabei übrig bleiben, im Nudelteig zu verarbeiten. 25–35 Eigelbe auf 1 kg Mehl sind dort üblich, von bis zu 60 hat man schon gehört. Man glaubt es kaum, dass das möglich ist, aber es geht! Eigelb macht den Teig fest und gibt der Nudel deutlichen Biss. Deshalb verzichtet man auf das eher im Süden gebräuchliche Hartweizenmehl und nimmt ausschließlich Weizenmehl für den Nudelteig. Wir halten unsere Mischung von Hart- und Weichweizen und einer „normalen" Anzahl von Eigelb für einen kulinarisch empfehlenswerten Kompromiss.

ZUBEREITUNGSZEIT

20–30 Minuten plus 30–50 Minuten Ruhezeit

FÜR 4 PERSONEN

- 150 g Weizenmehl (Type 405)
- 100 g Hartweizenmehl (Semola di grano duro rimacinata)
- 2 Eier
- 4 Eigelb
- ½ TL Salz
- 1 EL Olivenöl
- Weizenmehl oder Hartweizengrieß zum Bestreuen

Außerdem

Nudelmaschine (alternativ Nudelholz verwenden)

TIPP Sollten die Teigbänder nicht trocken genug sein, bevor sie zu Nudeln geschnitten werden, etwa 10 Minuten über einen mit Alufolie umwickelten Besenstiel zwischen zwei Stühlen hängen.

Beide **Mehlsorten** mischen und auf die Arbeitsfläche häufen, in die Mitte eine Vertiefung drücken, diese so ausweiten, dass alle **Eier** und **Eigelbe** darin Platz finden, **Salz** zufügen und **Olivenöl.** Mit einer Gabel zunächst alles Flüssige verkleppern, dabei immer mehr Mehl vom Rand einarbeiten, bis ein dicker Brei entstanden ist. Schließlich mit den Händen alles rasch zu einem sehr festen Teig kneten. ● In der Küchenmaschine alle Zutaten auf starker Stufe rasch zu einem festen Teig verarbeiten. Herausholen, nun noch mal von Hand durchwalken. ● In jedem Fall muss der Teig jetzt ruhen! In einen Gefrierbeutel oder in Frischhaltefolie gewickelt, damit er nicht austrocknet, mindestens 30 Minuten, aber nicht im Kühlschrank! Dort wird er hart und bröckelig. ● Zum Ausrollen ist eine Nudelmaschine äußerst hilfreich, denn mit dem Nudelholz kriegt niemand den Teig so hauchdünn, wie bissfeste Nudeln nun mal am besten schmecken. Man muss die Walzen nach jedem Durchgang immer enger stellen, bis das Teigband dünn genug ist. Zu Beginn sind sicher mehrere Durchgänge derselben Stufe nötig, dabei immer wieder mit **Mehl** oder **Grieß** bestäuben, damit nichts klebt. ● Wir schneiden die Teigbänder auf Tablettlänge zu, so kann man die entweder von Hand oder mit der Schneidewalze der Nudelmaschine geschnittenen fertigen Nudeln ausgestreckt auf dem mit einem **mehlbestäubten** Tuch bedeckten Tablett bis zum Kochen lagern oder sogar für eine spätere Verwendung trocknen. Andere drehen die Nudeln lieber zu lockeren Nestern: Geschmackssache. ● Frische Nudeln kochen: natürlich in reichlich gut **gesalzenem** Wasser – je frischer die Nudeln, desto kürzer die Garzeit (1–2 Minuten) und um so salziger muss das Wasser sein.

Nudelteig ohne Ei

Wie gesagt, Pasta ohne Ei kaufen wir, machen sie nicht selbst. Aber für Hardcore-Fans lohnt sich die Mühe vielleicht. Gut zu wissen: Den sehr festen Teig durchwalken zu können, erfordert sehr viel Kraft, deshalb darf die Portion nicht zu groß sein.

ZUBEREITUNGSZEIT

20–25 Minuten (15 Minuten Kneten!) plus mindestens 1 Stunde Ruhezeit

FÜR 4–5 PERSONEN

400 g Hartweizenmehl (Semola di grano duro rimacinata)
1 EL Olivenöl
½–1 TL Salz
Hartweizenmehl, Speisestärke oder Hartweizengrieß zum Bestreuen

Außerdem

Nudelmaschine (alternativ Nudelholz verwenden)

Das **Mehl** auf die Arbeitsfläche häufen, eine Vertiefung in die Mitte drücken, **Olivenöl** und **Salz** hineingeben und langsam etwa 250 ml Wasser in dünnem Strahl angießen, dabei mit einer Gabel das Wasser mit Mehl vom Rand mischen. Schließlich mit den Händen alles etwa 15 Minuten zu einem festen, glatten Teig kneten – je länger man knetet, desto seidiger wird der Teig. Allerdings erfordert das eine Menge Kraft – vielleicht eine Herausforderung für die männlichen Familienmitglieder? Den festen Teig zu einer Kugel formen, in Frischhaltefolie oder einen Gefrierbeutel packen und mindestens 1 Stunde ruhen lassen. ● Auch diesen Teig NICHT in den Kühlschrank legen, dort wird er hart: Nudeln sind Sonnenkinder, scheuen Kälte, die macht sie trocken! ● Den Teig schließlich in tennisballgroße Portionen teilen und jede mit dem Nudelholz, besser aber mit der Nudelmaschine zu hauchdünnen Bändern auswalzen. Die zur Rolle aufgewickelten Bänder entweder von Hand in Nudeln von gewünschter Breite schneiden oder durch die entsprechende Schneidewalze der Nudelmaschine drehen. Die geschnittenen Nudeln auf ein mit einem **bemehlten** Tuch ausgelegtes Tablett legen, damit sie nicht zusammenkleben, dann mit **Stärke** oder **Grieß** bestäuben. ● Die frischen Nudeln sind nach 1–2 Minuten in reichlich gut **gesalzenem** Wasser gar.

NUDELN MIT EI ODER OHNE EI TROCKNEN

Zum Trocknen dürfen die Nudeln nicht übereinanderliegen, sonst schimmeln sie, man muss sie dennoch immer wieder wenden. Nach 2–3 Tagen sollten sie total durchgetrocknet sein und können so aufbewahrt werden.

TIPP Frische Nudeln, zu Nestern gewickelt, müssen immer wieder gewendet werden, bis sie durch und durch getrocknet sind. Und immer gut bemehlen, damit sie nicht zusammenkleben.

Bunte Nudeln

Hartweizenmehl ist deutlich gelber als weißes Weichweizenmehl, so kann man schon am Teig sehen, ob und wie viel davon darin Verwendung fand. Eidotter färbt ihn zusätzlich gelb, je mehr umso deutlicher. Verstärken lässt sich die gelbe Farbkraft, indem man das Eigelb salzt, wenn es im Mehlkranz liegt und eine halbe Stunde ruhen lässt. Das Salz entzieht dem Teig Wasser und konzentriert die Farbe. Man kann Nudelteig außerdem mit wenigen Zutaten noch alle möglichen anderen Farben verpassen: mit püriertem Gemüse knallorange färben (Hokkaidokürbis), grasgrün (Spinat oder Brennnesseln), schräg pink (Rote Bete), schokoladebraun (Kakaopulver) oder sepiaschwarz (mit der Tinte des Tintenfisches), das alles ist kein Hexenwerk.

ZUBEREITUNGSZEIT

20–40 Minuten plus 30–50 Minuten Ruhezeit

FÜR 4–6 PERSONEN

Tomatenrote Pasta

2–3 EL dreifach konzentriertes Tomatenmark (50 g)
½ TL Salz
1 EL Olivenöl
2 Eier
2 Eigelb
250 g Weizenmehl (Type 405)
150 g Hartweizenmehl (Semola di grano duro rimacinata)
evtl. 1–2 EL lauwarmes Wasser

Grüne Pasta

100 g Spinat-, Brennnessel-, Basilikum- oder Petersilienpüree
2 Eier
1 Eigelb
½ TL Salz
1 EL Olivenöl
250 g Weizenmehl (Type 405)
150 g Hartweizenmehl (Semola di grano duro rimacinata)

Pinkfarbene Pasta

100 g gekochte Rote Bete
250 g Weizenmehl (Type 405)
150 g Hartweizenmehl (Semola di grano duro rimacinata)
2 Eier
1 Eigelb
½ TL Salz
1 EL Olivenöl

Außerdem

Nudelmaschine (alternativ Nudelholz verwenden)

Schwarze Pasta

3 Tütchen Sepiatinte
1 Eigelb
½ TL Salz
1 EL Olivenöl
250 g Weizenmehl (Type 405)
150 g Hartweizenmehl (Rimacinata)

Schokoladenbraune Pasta

200 g Weizenmehl (Type 405)
150 g Hartweizenmehl (Semola di grano duro rimacinata)
½ TL Salz
1 EL Olivenöl
2 EL edelbitteres Kakao- oder Schokoladenpulver
2 Eier
2 Eigelb

Bei der Herstellung im Grunde genommen so vorgehen, wie im Rezept für Nudelteig mit Ei angegeben (siehe Seite 12). Bei den Teigvarianten mit Gemüsezusatz muss das gekochte (Rote Bete) oder gedünstete oder auch nur blanchierte Gemüse (Spinat/Brennnesseln/Basilikum/Petersilie) jeweils mit etwas Kochsud oder Brühe zum absolut glatten Püree gemixt werden, dafür wird im Rezept entsprechend weniger Ei verwendet. Die Teigsorten sehr gründlich kneten, damit sich alles innig verbindet. Sollte der Teig zu trocken wirken und sich nicht gut verbinden, tropfenweise lauwarmes Wasser zufügen. • Den fertig gekneteten Teig zu Beginn immer mehrmals durch die Walzen drehen, bevor man sie enger stellt. • Gekocht und getrocknet werden die bunten Nudeln genauso wie im Rezept für Nudelteig mit Ei angegeben.

Handgemachte Eierspätzle

Ob schwäbische Spätzle, Pizokels aus der Schweiz, Eiernockerln aus Österreich oder Wasserstriwla aus dem Elsass – Teigwaren liebt man geradezu überall. Mal mit mehr, mal mit weniger Ei oder auch ganz ohne, das hängt vom Reichtum oder von der Armut der Region ab. Die schwäbische Hausfrau schabt gern den weichen Teig mit einem Messer oder Teigschaber vom Brett, über die dem Griff gegenüberliegende abgeflachte Seite. Im Allgäu streicht man den etwas festeren Teig durch ein Sieb mit fast Cent-großen Löchern. Und dann gibt es natürlich noch Spätzlepressen – sogar welche, die es schaffen, die Spätzle aussehen zu lassen, als seien sie von Hand geschabt.

ZUBEREITUNGSZEIT

20 Minuten plus 30 Minuten Ruhezeit

FÜR 4 PERSONEN

300 g Weizenmehl (Type 405 oder 550)
Salz
4 Eier
evtl. 1 Schuss Wasser (für Wasserstriwla) oder Milch, falls die Eier nicht ausreichend groß sind

TIPPS Die Eierspätzle kommen hier bei den Mozzarella-Spätzle alla caprese (siehe Seite 102) und beim Gaisburger Marsch (siehe Seite 155) zum Einsatz. Spätzle kann man wunderbar auf Vorrat machen und im Gefrierbeutel einfrieren. Auftauen am besten in der Mikrowelle oder im Dampfgarer. Sie sind dann wie frisch gekocht.

Das **Mehl** in eine Schüssel füllen, ½ TL **Salz** zufügen und nacheinander die **Eier.** Mit einem Holzlöffel vermischen und so lange energisch und gründlich durchschlagen, bis der Teig vollkommen glatt ist, eventuell einen Schuss Wasser oder **Milch** zugeben, damit er weich vom Löffel fließt und Blasen wirft. 30 Minuten bei Zimmertemperatur ruhen und quellen lassen. • Zum Kochen einen großen, weiten Topf mit Wasser aufsetzen, **salzen,** eine große Schüssel gefüllt mit kochend heißem **Salzwasser** in Reichweite stellen. Wichtig! Sonst verlieren die Spätzle Salz und schmecken am Ende fad. • Den Teig portionsweise aufs Brett streichen, das man zuvor ins Kochwasser getaucht hat, mit dem Messer schmale Streifen abschaben und direkt ins kochende Wasser schubsen. Nach kaum 1 Minute schwimmen die Spätzle oben, man kann sie mit der Schaumkelle herausheben und ins heiße Wasser in die Schüssel geben; dort bleiben sie warm und verlieren Stärke, dann kleben sie nicht mehr zusammen. Zum Servieren oder Weiterverarbeiten abgießen.

Der Spätzleteig wird mit einem Messer vom Brett geschabt.

Unregelmäßig geformte Löcher oder Schlitze an Spätzlepressen sorgen dafür, dass Spätzle wie von Hand geschabt aussehen.

Einfacher geht es mit dem Teigschaber.

Dafur muss man die Presse beim Drücken auf und ab bewegen.

Mit der Spätzlereibe entstehen die runden Knöpfle.

In jedem Fall müssen die Spätzle nach dem Kochen in heißem Wasser abgespült werden.

Pizokels

Eierspätzle

Rezept siehe Seite 16

Pizokels

Es sind sehr dicke Nockerl, mehr Spatzen als Spätzle, eine Spezialität aus Graubünden. Ursprünglich hat man sie mit Buchweizenmehl angesetzt, wie die mehr nudelähnlichen, schlankeren Pizzoccheri aus dem Valtellin. Heute mischt man gern Weizenmehl hinzu, auch Quark oder Ricotta, was die sonst sehr festen Spatzen luftiger und leichter macht.

ZUBEREITUNGSZEIT

20 Minuten plus
30 Minuten Ruhezeit

FÜR 4 PERSONEN

250 g Magerquark oder Ricotta
3 Eier
Salz, Pfeffer, Muskat
150 g Buchweizenmehl
150 g Weizenmehl (Type 405)
1 Schuss Milch (nach Bedarf)

Quark oder **Ricotta** mit den **Eiern** in einer Schüssel glatt rühren, **salzen, pfeffern** und mit reichlich **Muskat** würzen. Beide **Mehlsorten** zufügen und gründlich durcharbeiten, eventuell einen Schuss **Milch** hineingeben. Mit dem Holzlöffel oder in der Küchenmaschine zu einem weichen, glatten Teig schlagen. Abgedeckt bei Zimmertemperatur 30 Minuten ruhen lassen. • Pizokel sind dicker als unsere Spätzle. Sie werden entweder wie Spätzle vom Brett geschabt (siehe Seite 17), nur eben in dickeren Streifen, oder durch ein Sieb mit großen Löchern gestrichen. Oder durch ein Kuchengitter, das man über den Topf mit dem Kochwasser legt: portionsweise Teig daraufgeben und mit einem Teigschaber durchstreichen. Oben schwimmende Pizokel sind gar. Herausheben und wie Spätzle in **gesalzenem** heißem Wasser abspülen und nachher abgießen.

TIPP Buchweizen ist kein Getreide und enthält kein Gluten, das im Teig für Bindung sorgt. Trotzdem kann man Buchweizenmehl ziemlich vielseitig einsetzen, es ist vor allem wegen des herzhaften, nussigen Geschmacks sehr geschätzt. Damit man damit leichter backen, Nudeln oder Pfannkuchen herstellen kann, mischt man es mit Weizenmehl.

TOPPING In Butter schwenken, in der eine gehackte Zwiebel gebräunt wurde, reichlich Schnittlauch untermischen und Bergkäse darüberreiben.

Japanische Nudeln: Udon, Somen, Soba, Ramen

Der Teig dafür ist ganz besonders fest, man muss von Anfang an lange und energisch kneten, damit sich die Mehl-Wasser-Mischung mit dem Teig verbindet. Der wird dann zu einer Kugel geformt, in Folie gewickelt und muss sich mindestens 1 Stunde entspannen. Danach ist auch hier, wie beim normalen Nudelteig ohne Ei, die Nudelmaschine hilfreich: so lange durch die glatte Walze laufen lassen, sie dabei immer enger stellen, bis ein ausreichend dünnes Teigband entstanden ist. Diese japanischen Nudeln sind jedoch immer dicker als unsere: Für Udon oder Soba sollte das Teigband gut 2 mm dick sein. Somen sind nur höchstens halb so dick, dafür also das Teigband erheblich dünner auswellen.

ZUBEREITUNGSZEIT

40–45 Minuten plus 1 Stunde Ruhezeit

FÜR 4 PERSONEN

Udon oder Somen

300 g Weizenmehl (Type 405)
¼ TL Salz
150 ml Wasser

Soba

200 g Buchweizenmehl
100 g Weizenmehl (Type 405)
¼ TL Salz
170 ml Wasser

Ramen

250 g Mehl (Type 405)
100 ml lauwarmes Wasser
1 TL Laugenwasser (kauft man im Asia-Laden als Lye Water in Flaschen, unter dem Begriff Kansui als Pulver, siehe Tipp)

Außerdem

Speisestärke zum Bestäuben der Arbeitsfläche
Nudelmaschine (alternativ Nudelholz verwenden)

In allen Fällen ist die Vorgehensweise gleich: Das **Mehl** in eine weite Schüssel oder auf die Arbeitsfläche geben, in die Mitte eine Vertiefung drücken, **salzen** und das Wasser langsam in die Mitte gießen, dabei vom Rand her Mehl mit Flüssigkeit mischen, geduldig und langsam, bis zunächst dicke Brösel entstanden sind. Jetzt mit beiden Händen tüchtig kneten, das erscheint anfangs fast unmöglich, aber je länger man knetet, desto glatter wird der Teig. Das dauert 20–25 Minuten. Buchweizenmehl benötigt übrigens immer etwas mehr Flüssigkeit als Weizenmehl. Es dauert eine Weile, bis sich alles verbindet, und erfordert Kraft, also nicht die Geduld beim Kneten verlieren. ● Wenn der Teig glatt ist, zu einer Kugel formen, in Frischhaltefolie wickeln und 1 Stunde ruhen lassen – nicht im Kühlschrank! ● Schließlich portionsweise von Hand dünn ausrollen, dabei mit **Stärke** bestäuben, oder lieber mit der Nudelmaschine verarbeiten, wie oben beschrieben. ● Diese Nudeln (Somen ausgenommen) sind deutlich dicker als unsere europäischen, sie müssen deshalb natürlich auch länger kochen: etwa 10 Minuten. Auch hier ist wichtig: anschließend in viel Wasser gründlich abspülen, um alle überschüssige Stärke zu entfernen, dann abgießen.

TIPPS Ein Rezept mit japanischen Nudeln gibt es auf Seite 163. Man kann statt des fertigen Laugenwassers auch Pulver für Brezellauge in der Apotheke kaufen, unbedingt nach Packungsaufschrift vorgehen, die Lauge wirkt ätzend. Falls Kansui verwendet wird: nach der Packungsaufschrift in Wasser auflösen.

Soba-Teig
Udon- bzw.
Somen-Teig
Ramen-Teig
Soba-Teig
Ramen-Nudeln

Die perfekte Komposition: Nudel und Sauce

In Italien hat man sehr präzise Vorstellungen, welche Pasta-Sorte und -Form zu welcher Sauce am besten passt. Immer geht es darum, dass die Nudel möglichst viel von der Sauce aufnimmt und in den Mund transportiert. Lange Nudeln nimmt man lieber zu flüssigen, glatten Saucen und Pesti, die zur Creme gemixt sind. Die klassische Tomatensauce etwa zu Spaghetti oder das Pesto genovese zu Linguine, schmalen Bandnudeln ohne oder mit ganz wenig Ei. Dann kann man auch die längsten Spaghetti mit der Gabel aufdrehen, dabei genügend Sauce einwickeln und zum Mund führen. Während kurze Nudeln sich besser mit stückigen Zutaten verbinden lassen, zum Beispiel Orecchiette (Öhrchennudeln) oder Penne zum Sugo mit Bratwurstbällchen und/oder mit festem Gemüse wie Rapa oder wildem Broccoli. In deren Höhlung oder Röhren kann viel Sauce schlüpfen und sie lassen sich mit der Gabel aufspießen. Übrigens: In Italien braucht fürs Nudelessen kein Mensch zur Gabel auch einen Löffel. Die Gabel allein genügt vollkommen: Mit den Zinken auf einem freien Fleck am Tellerrand eine kleine Menge langer Nudeln fassen – bei Spaghetti ist das womöglich nur eine einzige Nudel – und so lange die Gabel senkrecht auf dem Tellerplätzchen drehen, bis sich die Portion komplett um die Zinkenspitzen gewickelt hat. Mit etwas Übung ganz einfach!

Auch in Asien sucht man sich gern für die jeweiligen Zubereitungen die passende Nudelsorte aus: Glas- und Reisnudeln verarbeitet man eher in kalten salatartigen Gerichten, während man Weizennudeln lieber im Wok mit den anderen Zutaten mischt.

Immer sollte man die Pasta mit ihrer Sauce noch in der Küche im Topf oder in einer Schüssel mischen! So verbinden sich die Nudeln innig mit der Sauce und bleiben saftig.

RICHTIGE NUDEL ZUR PASSENDEN SAUCE

Ganz klar: Pasta ohne Sauce – das geht gar nicht! Das ist noch langweiliger als die legendäre Suppe ohne Salz. Aber ganz wichtig: Die Nudeln müssen mit der Sauce vermischt werden, bevor man sie anrichtet. Der Teller mit trockener Pasta, auf der ein Klecks Tomaten- oder sonst eine Sauce thront, mag ja instagrammable aussehen (Ehrlich gesagt: Das finden wir absolut nicht, aber oft werden sie so gezeigt.), kulinarisch ist das jedoch ein Trauerspiel. Denn abgetropfte Nudeln trocknen sofort aus, kleben aneinander fest und können sich nie mehr innig mit der Sauce verbinden. Deshalb sollte man sie immer entweder mit einer Zange aus dem Kochwasser fischen und ohne abzutropfen in die Sauce geben oder beim Abgießen in ein Sieb auf keinen Fall vollkommen abtropfen lassen, sondern mit reichlich anhaftendem Kochwasser unter die Sauce im Topf oder in der Pfanne mischen. Und: unbedingt noch sicherheitshalber eine Tasse vom Kochwasser auffangen, mit dem man am Ende die Feuchtigkeit der Pasta regulieren kann. Die im Wasser gelöste Mehlstärke hilft, die Sauce zusätzlich zu binden, und ermöglicht, dass sie sich enger an die Oberfläche der Nudel schmiegt und dort auch haften bleibt. Bei manchen Saucen empfiehlt es sich sogar, die Pasta im Nudeltopf nicht ganz gar zu kochen, um sie anschließend noch ein paar weitere Minuten in der Sauce gar ziehen zu lassen. So saugen sie sich damit regelrecht voll und nehmen deren Geschmack noch besser auf. Das ist auch der Grund, weshalb man dem Kochwasser kein Öl hinzufügen oder – das wäre noch schlimmer! – die Pasta nach dem Abgießen nicht mit Öl vermischen darf. Das versiegelt ihre Oberfläche, die Sauce rutscht daran ab statt anzuhaften. Etwas Vielseitigeres als die harmoniesüchtigen Nudeln gibt es ja nicht: Sie passen sich jedem Aroma, jedem Geschmack, jeder Zutat an und ergeben immer wieder etwas Neues. Unsere Lieblingssaucen zur Pasta haben alle den Vorteil, dass sie ganz einfach zuzubereiten sind und dass man keine komplizierten Zutaten dafür braucht. Meistens hat man sie bereits im Haus: Anchovis, Oliven in der Dose oder im Glas. Tomaten, je nach Jahreszeit frisch, als Püree im Glas oder eingefroren, geschält in der Dose. Garnelen warten in der Gefriertruhe auf ihren Einsatz und stehen blitzschnell zur Verfügung: einfach in einer Schüssel mit kochendem Wasser überbrühen, 1 Minute ziehen lassen, bevor man sie in einem Sieb unter kaltem Wasser sehr gründlich abspült – so sind sie in 5 Minuten perfekt für den Gebrauch. Aber natürlich freuen wir uns, wenn wir Zutaten finden, die den Saucen seltenen Glanz verleihen, zum Beispiel Artischocken, Spargel oder andere Gemüse, die nur eine kurze Zeit in optimaler Qualität verfügbar sind. Ob Saucen, die ausschließlich aus Gemüse bestehen, bei denen Fleisch und Innereien, Fisch oder Meeresfrüchte wichtig sind – wir experimentieren gern und sind glücklich über jede neue Verbindung und Zusammenstellung. Wenn wir zum Beispiel im Frühjahr eine Handvoll Morcheln am Waldrand finden, sie zusammen mit ein paar Bärlauchblättern in Butter dünsten und unter selbst gemachte feine Nudeln mischen, ist das für uns der Himmel. Und wenn vom Roastbeef (oder einem Stück gebratenen Fleisch) ein paar Scheibchen übrig bleiben, dann werden sie in nudelfeine Streifen geschnitten, mit Schnittlauch aus dem Garten, einem Löffel Miso und einem Schöpfer Kochwasser unter die Pasta gemischt – schon steht ein köstlicher Nudelteller auf dem Tisch!

GUTER VORRAT: IMMER BEREIT FÜR EINE TOLLE PASTA-SAUCE

GETROCKNETES

Steinpilze
Tomaten (auch kleine Kirschtomaten)
Origano
Pfeffer aus der Mühle
Salz – auch Fleur de Sel und grobes Meersalz
Paprikapulver
Nüsse: Walnüsse
Haselnüsse
Pinienkerne
Mandeln
Chilis
Rosinen, Sultaninen, Korinthen
Semmelbrösel, Panko
Bohnenkerne, Linsen, Kichererbsen
Instant-Gemüsebrühe

AUS GLAS ODER DOSE

Tomaten: Pelati
Püree
Passiert
In Stücken
Concentrato/Strattù
(sonnengetrocknetes Konzentrat)
Weiße Bohnenkerne
Kichererbsen
Thunfisch
Anchovis
Ölsardinen (alle Fische in Olivenöl eingelegt)
Kapern
Miso
Senf
Oliven

AUSSERDEM/MIX

Speck
Salami
Zwiebeln
Knoblauch
Ingwer
Olivenöl
Verschiedene Essige
(Weiß-, Rotwein-, Apfel-, Balsamessig)
Sojasauce und Fischsauce
Eier
Kräuter von der Fensterbank
Basilikum
Petersilie
Schnittlauch
Rosmarin

KÄSE

Parmigiano Reggiano
Grana Padano
Pecorino romano
Ricotta salata
Mozzarella di bufala
Burrata
Feta
Joghurt
Butter

… und natürlich die eine oder andere Flasche Wein!

PASTA-GERICHTE AUS DEM VORRAT

schnell und einfach

Wer hat das nicht schon erlebt? Man kehrt nach einiger Abwesenheit nach Hause zurück, ohne dass Gelegenheit war einzukaufen. Der Kühlschrank ist leer, nix im Haus. Aber wetten: Auch in der ödesten Küche lassen sich noch die nötigen Zutaten für ein köstliches Nudelgericht auftreiben, garantiert! Spaghetti oder andere Nudeln mit ihrer geradezu ewigen Haltbarkeit finden sich in jedem Haushalt, sicher stecken auch noch irgendwo ein paar trockene Chilis im Vorratsglas. Knoblauch und Zwiebel sind hoffentlich im Schrank. Und wenn dann die Olivenölflasche nicht gerade leer ist, vielleicht sogar in einer Kühlschrankecke noch ein Stück Parmesan aufzustöbern ist, dazu das Salzfass und die Pfeffermühle und – wer weiß? – womöglich auch noch auf der Fensterbank ein Topf mit Grünzeug steht, mit Petersilie, Schnittlauch oder sogar Basilikum: Dann sind sämtliche Zutaten für einen supermäßigen Teller Pasta zur Hand! Das Beste daran: Da muss man nichts lange vor- und zubereiten, mit den paar Zutaten geht's ruckzuck. Damit also beim nächsten Mal die Vielfalt und Auswahl größer wird, ist es klug, seine Vorräte entsprechend auszubauen. Das beginnt mit Tomaten, die geschält, gewürfelt, gehackt oder passiert in Dosen oder im Glas immer parat sein können. Auch Thunfisch, Anchovis, Sardinen, Makrelen oder andere Zutaten aus dem Meer haben im Vorratsschrank ein langes Leben. Tipp: Wir bringen solche Dosen oder Gläser immer von unterwegs mit, in Italien, Frankreich oder Griechenland ist die Auswahl interessanter und vielfältiger – oft sogar preiswerter. Und immer darauf achten, dass die Fische oder Meeresfrüchte in Olivenöl eingelegt sind, das garantiert beste Qualität und mehr Wohlgeschmack. Gewürze, Trockenpilze, trockene Kräuter und Würzzutaten wie Kapern, eingelegte Oliven, Senf und Würzpasten wie Miso oder Currypasten sorgen für Abwechslung und zusätzlichen Geschmack. Eine Auswahl von derart langlebigen Zutaten, die einen aus einer solchen Not retten können, sind auf der linken Seite zu finden. Im Folgenden eine Handvoll Ideen, was sich damit zaubern lässt: unsere Lieblingsrezepte für solche Fälle.

Penne con acciughe e funghi porcini

GERIPPTE NUDELN MIT ANCHOVIS UND GETROCKNETEN STEINPILZEN

Hier sorgen gleich zwei Zutaten für umami, für verstärkten Wohlgeschmack: Anchovis (übrigens dasselbe wie Sardellen) und getrocknete Steinpilze.

FÜR 4 PERSONEN

25 g getrocknete Steinpilze
1 Zwiebel
2–3 Knoblauchzehen
3 EL Olivenöl
6–7 Anchovis
1 EL Tomatenmark
1 Glas Rotwein (200 ml)
1 Tasse geschälte Tomaten aus der Dose
1 Rosmarinzweig
einige Salbeiblätter
Salz, Pfeffer
2–3 Stengel Petersilie
300 g Penne oder andere gerippte Nudeln
Zitronensaft zum Abschmecken

ZUBEREITUNG 15 MINUTEN PLUS CA. 15 MINUTEN EINWEICHZEIT UND 30 MINUTEN GARZEIT

Getrocknete **Pilze** mit etwas kochendem Wasser bedecken und etwa 15 Minuten einweichen. Dann fein hacken und mit fein gehackter **Zwiebel** und **Knoblauch** im heißen **Öl** andünsten. **Anchovis** grob zerkleinern und mit dem **Tomatenmark** unterrühren, mit **Rotwein** ablöschen, auch geschälte **Tomaten** und die **Kräuter** zufügen. **Salzen** und **pfeffern,** 30 Minuten leise köcheln. Die **Petersilienblättchen** abzupfen, beiseitelegen. Die Stiele in den Sugo geben und mitkochen. ● Inzwischen die **Nudeln** in reichlich **Salzwasser** bissfest kochen. ● Am Ende die fein gehackten Petersilienblatter in den Sugo rühren, die Stiele, Rosmarinzweig und Salbei herausfischen. Mit **Zitronensaft** großzügig abschmecken. ● Die Nudeln abgießen und unter die Sauce mischen. Alles miteinander 2 Minuten schmurgeln lassen.

TOPPING Geriebener Pecorino.

GETRÄNK Ein frischer, säurebetonter Rotwein, zum Beispiel ein St. Magdalener aus Südtirol oder ein Trollinger aus Württemberg.

Tagliolini mit Misobutter und Koriander

Miso, diese Würzpaste aus Japan, kommt immer mehr auch bei uns auf die Liste der beliebten Zutaten. Ein Löffel davon und schon erweitert sich der Geschmackshorizont: umami! Längst gibt es auch hier Produzenten, die Miso handwerklich erzeugen, mit viel Fantasie, auch aus den unterschiedlichsten Zutaten. Da lohnt es sich, mal zu stöbern und auszuprobieren.

FÜR 4 PERSONEN

400 g Tagliolini (schmale Bandnudeln) oder Udon
Salz
3 Frühlingszwiebeln
1 Knoblauchzehe
60 g Butter
2 EL helles Miso
1 EL japanische Sojasauce
fein abgeriebene Schale und Saft von ½ Zitrone
1–2 Korianderpflänzchen mit Wurzel

ZUBEREITUNG 15 MINUTEN

Die **Pasta** nach Packungsaufschrift in gut **gesalzenem** Wasser bissfest kochen. ● Inzwischen die **Frühlingszwiebeln** fein schneiden, **Knoblauch** hacken, in 2 EL **Butter** andünsten. **Miso** unterrühren, auch die abgeriebene Schale und den Saft der **Zitrone** sowie die sehr fein gehackte **Korianderpflanze** samt Wurzel und Stielen, dabei einige abgezupfte Blätter beiseitelegen. ● Die tropfnasse Pasta sowie die restliche **Butter** zufügen, alles gut mischen, bis die Butter geschmolzen ist. Die Korianderblätter grob gehackt darüberstreuen.

TOPPING Hier passen die sizilianischen Brösel (siehe Seite 37) gut.

GETRÄNK Warum nicht mal Sake? Nicht erwärmt, wie man ihn oft im japanischen Restaurant bekommt, sondern gekühlt. Schmeckt super erfrischend!

Pasta con ascciughe

PASTA MIT ANCHOVIS

Mehr braucht es wirklich nicht für die Pasta-Sauce aus quasi nichts: ein Gläschen in Olivenöl eingelegte Anchovis, Knoblauch und ein Schuss frisches Olivenöl. Wer hat, mixt noch eine kleine Handvoll Petersilie von der Fensterbank mit. Dauert alles nicht länger als genau die 10–12 Minuten, die die Pasta braucht, um gar zu werden.

FÜR 2 PERSONEN

200 g Pasta (nach Gusto)
Salz
1 kleines Glas Anchovis (40 g)
2–5 Knoblauchzehen
4 EL Olivenöl
etwas glatte Petersilie
Pfeffer

ZUBEREITUNG 12 MINUTEN

Die **Pasta** in reichlich **Salzwasser** bissfest kochen. In der Zwischenzeit die **Anchovis** mit zerdrücktem **Knoblauch, Olivenöl** und **Petersilie** im Mixbecher glatt pürieren, einen guten Schuss Nudelkochwasser mitmixen. Unter die tropfnasse Pasta mischen, auf vorgewärmte Teller verteilen und ordentlich mit erstklassigem **Pfeffer** grob übermahlen.

TOPPING Sizilianische Brösel (siehe Seite 37).

GETRÄNK Ein feuriger Rotwein aus Sizilien, zum Beispiel ein Nerello Mascalese.

Pasta mit Romanasalat und Knuspercrunch

Schnelle Küche: Um die Sache zu beschleunigen, wird das Nudelwasser gleich zweimal aufgesetzt: eine Hälfte im Topf auf dem Herd, gleichzeitig eine Portion im Wasserkocher. Die Pasta ins sprudelnd kochende, gut gesalzene Wasser geben – die besonders dünnen Spaghettini sind schon nach 5 Minuten gar. In dieser Zeit ist auch der Sugo fertig und es kann serviert werden …

FÜR 2 PERSONEN

Pasta

Salz
200–250 g Spaghettini
4–5 Knoblauchzehen
3 EL Olivenöl
1 fester kleiner Kopf Romanasalat
6–8 Sardellenfilets (Anchovis)
Pfeffer, Muskat
fein abgeriebene Schale von 1 Zitrone
1 Prise Chilipulver
3 gehäufte EL frisch geriebener Parmesan

Crunch

2 EL Panko (grobe japanische Semmelbrösel)
2 EL Pinienkerne
2 EL Olivenöl
1 Prise Chilipulver

ZUBEREITUNG 10 MINUTEN

Für die Pasta Nudelwasser aufsetzen, sobald es aufwallt, **salzen** und die **Spaghettini** einwerfen. Sie sind in 5–6 Minuten bissfest. ● Inzwischen **Knoblauch** mit der Messerklinge zerdrücken, dabei löst sich die Schale, springt ab, und es genügen zwei bis drei Schnitte mit dem Messer, um ihn zu zerkleinern. In **Olivenöl** andünsten, den **Salatkopf** waschen, trocken schütteln, dann quer in fingerbreite Streifen schneiden und hinzufügen. Die **Sardellen** grob hacken und ebenfalls in die Pfanne geben. 1 Minute unter Rühren sanft braten, dabei mit **Salz, Pfeffer, Muskat** sowie reichlich abgeriebener **Zitronenschale** und **Chilipulver** würzen. ● Parallel dazu für den Crunch die **Brösel** mit den **Pinienkernen** im heißen **Öl** anrösten, dabei mit **Chilipulver** würzen. ● Die Spaghettini mit einer Zange aus dem Kochwasser heben und mit dem **Parmesan** tropfnass unter die Salatmischung heben. Auf zwei Teller geben und zum Schluss den Crunch über jede Pasta-Portion streuen.

GETRÄNK Ein Glas leichter Rotwein, am liebsten aus der Toskana oder vom Gardasee.

Pasta con le sarde

PASTA MIT SARDINEN

Das Leib- und Magengericht aller Sizilianer. Man braucht dafür das Grün vom wilden Fenchel, der intensiv duftet und überall auf der Insel wächst. Es ist nur unzulänglich mit dem Grün vom Gemüsefenchel zu tauschen. Aber in sizilianischen Gemüseläden findet man oft getrocknete Fenchelblüten, die sind ein perfekter Ersatz. Die Sardinen kommen ohnehin aus der Dose. Natürlich in Olivenöl eingelegt und möglichst ohne zusätzliche Würze – einfach Sardinen pur!

FÜR 4 PERSONEN

3 EL Olivenöl
1 rote Zwiebel
3–4 Knoblauchzehen
6 Anchovisfilets
2 EL Pinienkerne
2 EL in Marsala eingeweichte Korinthen
1 TL Strattù (sonnengetrockneter Tomatenextrakt; gibt's im sizilianischen Feinkostladen oder Internet)
400 g Pasta (z. B. Maccheroni, lieber noch Penne oder Casarecce)
Salz
1–2 EL getrocknetes Fenchelgrün oder Fenchelblüten
1 Dose Sardinen in Olivenöl

ZUBEREITUNG 15–20 MINUTEN

Das **Öl** in einer Pfanne erhitzen, die fein gehackte **Zwiebel** darin andünsten, gehackten **Knoblauch** und **Anchovis** zufügen. Rühren, bis die Anchovis zerfallen. Die **Pinienkerne** mitrösten, **Korinthen** zufügen. Schließlich **Tomatenextrakt** (von normalem Tomatenmark doppelte Menge) unterrühren und leise köcheln. ● Inzwischen die **Pasta** in **Salzwasser** bissfest kochen, das Kochwasser nicht nur mit **Salz,** sondern auch mit **Fenchel** würzen. Eine Kelle davon in die Sauce geben. Die zerpflückten **Sardinen** zufügen, die tropfnasse Pasta untermischen. In tiefen Tellern anrichten.

TOPPING Knusprige sizilianische Brösel (siehe Seite 37), gern auch noch einige geröstete Pinienkerne obenauf.
GETRÄNK Ein kräftiger Weißwein, etwa ein Inzolia aus Westsizilien. Aber natürlich geht auch ein herzhafter, weiß gekelterter Spätburgunder aus der Pfalz.

Pasta alla bottarga di tonno con pomodori freschi

PASTA MIT BOTTARGA UND FRISCHEN TOMATEN

Bottarga ist der getrocknete und gepresste Rogen von großen Thunfischen, eine Spezialität aus Sizilien, eine ebenso rare wie leider auch teure Delikatesse. Man isst sie pur, in hauchdünnen Scheiben, mit Zitrone und Olivenöl beträufelt. Für eine cremige, nach Meer duftende Pasta-Sauce mixt man sie mit Zitronensaft und Olivenöl zur duftenden Creme. Mit ganz feinen Spaghettini einfach grandios!

FÜR 2–3 PERSONEN

200 g Spaghettini
Salz
2–3 Knoblauchzehen
ca. 50 g Bottarga di tonno
Saft und fein abgeriebene Schale von 1 Zitrone
ca. 4–5 EL Olivenöl plus etwas zum Beträufeln
schwarzer oder roter Kampot-Pfeffer
evtl. 1 reife Tomate, falls vorhanden
einige Basilikumblätter

ZUBEREITUNG 10 MINUTEN

Die **Pasta** in **Salzwasser** bissfest kochen. ● Inzwischen den **Knoblauch** pellen, mit der Messerklinge zerdrücken. Im Mixbecher mit grob zerkleinerter **Bottarga,** Schale und Saft der **Zitrone** und **Öl** zur glatten Creme mixen, dabei 1–2 EL Nudelkochwasser und großzügig frisch gemahlenen **Pfeffer** zufügen. ● Die tropfnasse Pasta unter diese Creme mischen. Dabei einige **Tomatenwürfel** und fein geschnittenes **Basilikum** zufügen. In tiefen Tellern anrichten und mit einem Kringel **Öl** beträufeln. ● Nach Belieben mit sizilianischen Bröseln (siehe unten) bestreuen/toppen.

SIZILIANISCHE BRÖSEL Sie passen statt des sonst in Italien allgegenwärtigen Parmesans praktisch überall, wo Fisch oder Meeresfrüchte im Spiel sind, zu denen Käse eher nicht taugt, und überall da, wo man Knuspercrunch mag. Am besten schmecken die Brösel aus dem in Sizilien üblichen gelben Brot aus Hartweizenmehl, gut sind sie auch aus Panko, den groben japanischen Bröseln.

Brotbrösel in einer großen weiten Pfanne in Olivenöl golden rösten, gegen Ende, damit er nicht verbrennt, zerdrückten Knoblauch aus der Presse dazugeben, nach Belieben auch einen Hauch Chilipulver, Origano oder Petersilie. Geduldig rösten, aber gut aufpassen und immer wieder rühren, weil ab einem bestimmten Moment die Krumen in Sekundenschnelle zu schwarz werden können. – Hält sich in einem Schraubglas eine gute Weile. Geht übrigens auch mit Butter, die Brösel sollten dann aber immer frisch gemacht werden.

GETRÄNK Ein herzhafter Roter vom Ätna, etwa ein Nerello Mascalese, oder auch ein würziger Chardonnay.

Tagliatelle olio, aglio, peperoncino e prezzemolo

BANDNUDELN MIT ÖL, KNOBLAUCH, CHILI UND PETERSILIE

Eine Zubereitung, die umwerfend einfach und unwiderstehlich gut ist, die natürlich wie immer mit der Qualität der Zutaten steht und fällt. Das Öl muss hocharomatisch sein, der Knoblauch jung und saftig, die Chilis würzig und die Petersilie glattblättrig und duftend. Hergestellt ist diese Sauce dann im Handumdrehen.

FÜR 4 PERSONEN

400 g feine Bandnudeln oder feinste Spaghettini
Salz
4 EL Olivenöl
4 Knoblauchzehen (oder mehr)
2–3 getrocknete rote oder auch frische grüne Chilis
1 große Handvoll Petersilienblätter
aromatischer schwarzer Pfeffer (z. B. Kampot-Pfeffer)

ZUBEREITUNG 15 MINUTEN

Die **Nudeln** in **Salzwasser** bissfest kochen. ● In der Zwischenzeit das **Öl** in einer Pfanne erhitzen, fein gewürfelten **Knoblauch** zufügen, die zerbröselten oder fein gewürfelten entkernten **Chilis** sowie die grob gehackten **Petersilienblätter.** 3–4 EL Nudelkochwasser angießen und sprudelnd kochen, bis es sich mit dem Öl zur cremigen Emulsion verbindet. ● Die Nudeln tropfnass untermischen und unverzüglich anrichten.

TOPPING Zu diesen Nudeln verzichtet man besser auf den üblichen Parmesan, nimmt lieber einen würzigen gereiften Schafskäse, den Ricotta salata aus Sizilien.

GETRÄNK Dann darf auch der Wein aus Sizilien kommen, zum Beispiel ein Rotwein vom Ätna, etwa ein Terre Nere.

NUDELSAUCEN-KLASSIKER

Pasta-Saucen, die jeder kennt und alle lieben

Die Klassiker unter den Pasta-Saucen. Da sind zunächst die Tomatensaucen in allen ihren Variationen, aus frischen und/oder Dosentomaten, geduldig lange gekocht, damit die Aromen verschmelzen, aber auch die schnelle Variante aus frischen, sonnengereiften Tomaten, die nach Sommer duften und fast roh bleiben. Die ultimative Fleischsauce, die Bolo, wie man hierzulande gern in salopper Vertrautheit sagt, der berühmte Sugo bolognese, für den garantiert jede italienische Hausfrau, jeder Profi, jede(r) Fan(in) sein beziehungsweise ihr eigenes Rezept hat, mit dem ureigenen Geheimnis für unverwechselbaren Wohlgeschmack. Spaghetti bolognese gelten ja als das Pasta-Gericht der Küche Italiens überhaupt, dabei wird man es dort auf kaum einer Speisekarte finden. Die Fleischsauce, wie man sie in Bologna liebt, heißt in Italien nämlich Ragù. Und niemals wird sie mit Spaghetti serviert, immer mit Eiernudeln, wie sie in der Emilia, der Region rund um Bologna, üblich sind, mit schmalen Fettuccine oder breiteren Tagliatelle. Auch besteht sie nicht einfach nur aus Hackfleisch. Man mischt dafür Hack vom Rind und vom Schwein, etwa Salsiccia, also rohes, grobes, kräftig gewürztes Wurstbrät, gern auch etwas vom Kalb, sogar Innereien, zum Beispiel Hirn und/oder ein paar Hühnerlebern, und Pancetta – der würzige luftgetrocknete Bauchspeck aus Italien, der dem Ragout sein typisches Aroma gibt. Und es wird hochamtlich gestritten, ob Knoblauch Verwendung finden darf. Die Accademia Italiana della Cucina in Bologna, die Akademie der italienischen Küche, die streng darüber wacht, dass die klassischen Rezepte der italienischen Regionen nicht bis zur Unkenntlichkeit verändert werden, hat das Ragù alla bolognese ziemlich spät erst, im Jahr 1982, zum offiziellen klassischen Rezept ernannt. Sie hält Knoblauch darin für überflüssig, wir lieben ihn auch dort. Geschmackssache. Man hält übrigens in der Accademia sogar ein Muster für perfekte Tagliatelle vor, aus Gold! Nach diesem Vorbild müssen Tagliatelle auf den Millimeter genau abgemessen werden, um so überhaupt heißen zu dürfen …

Weithin beliebt ist auch die Pasta alla carbonara, der man ebenfalls oft bis zur Unkenntlichkeit verhunzt begegnet: mit Billigspeck, dessen künstlicher Räuchergeschmack alles überlagert, mit miesem Käse und mit Sahne zur dicklichen Pampe gekocht. Die unverwechselbare Cremigkeit, mit der die Pasta nach Köhlerart überzogen ist, kommt nicht von der Sahne, sondern entsteht, wenn Eigelb mit heißem Nudelkochwasser und dem natürlich frisch geriebenen Käse vermischt wird. Wie es auch für den Superklassiker unter den Pasta-Saucen wichtig ist, für den man eigentlich gar kein Rezept braucht, weil es so einfach ist: Spaghetti cacio (Käse) e pepe (Pfeffer). Weil man das Gericht aber trotzdem kaum je perfekt serviert bekommt, hier die ultimative Anleitung: Gute Spaghetti (300 g) – aus Hartweizen, al bronzo, also ein handwerklich erzeugtes, kein Industrieprodukt – bissfest kochen. In einer Schüssel reichlich frisch geriebenen, nicht zu lange gereiften Pecorino Romano (200 g) mit gut 1 EL frisch grob gemahlenem oder im Mörser fein zerstoßenem erstklassigem schwarzem Pfeffer (Kampot-Pfeffer) mischen, dann nach und nach 3–4 EL heißes Nudelkochwasser unterrühren, bis der Käse zur glatten Creme geschmolzen ist, Spaghetti tropfnass darin umwenden, bis die Pasta dick von einer hellen Creme umschlossen ist. Für drei bis vier Personen ein himmlischer Genuss!

Spaghetti alla carbonara

SPAGHETTI NACH KÖHLERART

Die Spaghetti nach Köhlerart sind köstlich, sanft und cremig, aber mit dem vielen Speck auch eine ziemlich gehaltvolle, mächtige Angelegenheit. Wir mischen ein, zwei gute Handvoll Spinatblätter unter, das macht das Gericht leichter, frischer und bekömmlicher. Außerdem sieht es toll aus, schmeckt super und obendrein steht es im Handumdrehen auf dem Tisch. Kann man für sich allein oder für zwei machen. Schnelle Küche, wie wir sie lieben! Übrigens: Sahne in dieser Sauce wäre ein Sakrileg! Cremig wird die Sache durch die innige Emulsion von Ei und Nudelwasser.

FÜR 2–3 PERSONEN

250 g dünne Spaghettini
Salz
30–50 g durchwachsener Bauchspeck in dünnen Scheiben (Pancetta) oder Guanciale
1 rote (Tropea) oder weiße junge Zwiebel
1 EL Olivenöl
2 EL Butter
1–2 Knoblauchzehen
2 Handvoll geputzte, entstielte Spinatblätter
Pfeffer, Muskat
2–3 Eier
2–3 EL frisch geriebener Parmesan
evtl. 1 Prise Chilipulver

ZUBEREITUNG 20 MINUTEN

Die **Pasta** in reichlich gut **gesalzenem** Wasser bissfest kochen (Packungsaufschrift). ● In der Zwischenzeit in einer tiefen Pfanne den in sehr feine Streifen geschnittenen **Speck** auslassen, dabei die sehr fein gewürfelte **Zwiebel,** das **Öl** und 1 EL **Butter** zufügen, bei milder Hitze weich dünsten. Den gehackten **Knoblauch** kurz mitdünsten. Dann die Hitze verstärken und die tropfnassen **Spinatblätter** darin zusammenfallen lassen. Mit wenig **Salz** (Speck ist schon salzig genug), **Pfeffer** und **Muskat** würzen. ● Die **Eier** mit **Salz, Pfeffer** und **Muskat** in einer Schüssel verquirlen, die tropfnassen, heißen Spaghetti, den geriebenen **Käse,** eine Spur **Chilipulver** sowie die restliche **Butter** zufügen. Rasch gründlich und energisch mischen, dabei ein bis zwei Schöpfkellen Nudelkochwasser zufügen, bis im Kontakt mit den heißen Spaghetti und dem Nudelwasser die Eier stocken und sich mit Käse und Butter zu einer cremigen Sauce verbinden, die sich um die Nudeln schmiegt. Eventuell noch mal zurück in die Pfanne schütten, falls sie dabei zu stark abgekühlt sind, und für einen Augenblick auf den Herd stellen. Auf keinen Fall mehr stehen lassen, sonst werden die Eier fest. Sofort in vorgewärmten Tellern anrichten und servieren.

TOPPING Nach Belieben noch etwas frische Zitronenschale und schwarzen Pfeffer grob darüberreiben. Außerdem krumiges Weißbrot zum Aufwischen der Sauce.

GETRÄNK Ein kräftiger Weißwein, ein Chardonnay, etwa aus der Toskana.

TOPPING Frisch geriebenen Parmesan dazu reichen, von dem sich jeder bei Tisch selbst bedienen kann.

GETRÄNK Dazu darf es ein kräftiger Rotwein sein, zum Beispiel ein Sangiovese di Romagna.

Fettuccine al ragù alla bolognese

BANDNUDELN MIT HACKFLEISCHSAUCE

Natürlich hat jeder Koch, jede Köchin, jede Hausfrau, jeder Fan sein ureigenes ausgetüfteltes Rezept. Ob mit Rot- oder Weißwein angegossen wird, mit Rosmarin oder Origano gewürzt und wie das Verhältnis zwischen Fleisch und Gemüse ist und ob Knoblauch reinkommt oder nicht: Geschmackssache. Aber eines ist unabdingbar: Die Sauce muss unbedingt lange köcheln, damit die verschiedenen Aromen, Geschmäcker und Düfte sich miteinander vermählen können. Es lohnt sich deshalb, immer eine doppelte oder dreifache Menge zu kochen und sie dann portionsweise einzufrieren oder – viel besser noch – in passenden Gläsern einzuwecken. So ist stets was Gutes ohne langes Auftauen zur Hand, wenn einen das Verlangen nach diesem seelentröstenden Nudelteller packt oder unverhofft Gäste kommen.

FÜR 6–8 PERSONEN

100 g Pancetta oder durchwachsener Bauchspeck (in 2 mm dünnen Scheiben)
2 EL Olivenöl
3–4 EL Butter
2 große Zwiebeln
2–5 Knoblauchzehen
1 Möhre
2–3 Stangen Bleichsellerie
300 g Rinderhackfleisch
200 g Schweinehackfleisch
Salz, Pfeffer
2–3 EL Tomatenmark (zwei- bis dreifach konzentriert)
1 Dose geschälte Tomaten (400 g)
2–3 Hühnerlebern
1 Bund glatte Petersilie
1 Lorbeerblatt
1 Thymianzweig
evtl. 1 EL Origano (italienischer Oregano)
1–2 Gläser trockener Rotwein (200–400 ml)
700 g Fettuccine

TIPP In der Toskana besonders beliebt: die Variante mit Hack vom Wildschwein.

ZUBEREITUNG 30 MINUTEN PLUS 2–4 STUNDEN KOCHZEIT (GERN NOCH LÄNGER)

Den **Speck** in feine Streifen oder kleine Würfel schneiden und in einer tiefen großen Pfanne in einem Gemisch von **Öl** und 2 EL **Butter** andünsten, dabei zart bräunen. • **Zwiebeln** und **Knoblauch** fein würfeln und zufügen, dabei die Hitze herunterschalten – sie sollten nämlich weich werden, aber auf keinen Fall braun. **Möhre** und **Selleriestangen** fein würfeln und mitdünsten. Das **Hackfleisch** in die Pfanne geben, nunmehr die Hitze wieder verstärken. Das Fleisch unter Rühren braten, dabei zerpflücken und zerdrücken, bis alles krümelig geworden ist. **Salzen** und **pfeffern. Tomatenmark** hinzufügen und etwas anrösten. Erst jetzt die **Tomaten aus der Dose** mitsamt ihrem Saft hinzufügen. • Die **Hühnerlebern** von Häutchen säubern, in kleine (5 mm) Würfel schneiden und in die Pfanne rühren. **Petersilienblättchen** von den Stengeln zupfen und beiseitelegen. Die Stiele mit **Lorbeerblatt** und **Thymianzweig** zusammenbinden und mitkochen. Nach Belieben auch **Origano** einstreuen. Das Ragù bei kleiner Hitze ganz leise köcheln lassen, dabei gelegentlich umrühren. Und immer wieder einen Schuss **Rotwein** angießen. Sobald der verbraucht ist, darf es auch gern jeweils ein Schuss Wasser sein, damit nichts ansetzt. Mindestens 2, besser 3, gern auch 4–6 Stunden leise köcheln lassen, dabei den Deckel so auflegen, dass ein kleiner Spalt offen bleibt, durch den der Dampf entweichen kann. • Zum Schluss die Sauce mit **Salz** und **Pfeffer** abschmecken. Den Kräuterstrauß rausfischen und wegwerfen. Stattdessen die gewiegten Petersilienblätter einrühren. • Inzwischen die **Fettuccine** in **Salzwasser** al dente kochen. Die bissfest gekochten Nudeln tropfnass mit der Sauce mischen, in tiefen Tellern anrichten, die restliche **Butter** in Flöckchen obenauf setzen und zergehen lassen.

Sugo di pomodoro

TOMATENSUGO

Nicht nur Gartenbesitzer kochen die klassische Tomatensauce für die Pasta im späten Sommer, wenn die Tomaten reif sind, dann sind sie nämlich auch auf dem Markt perfekt und günstig zu haben. Ansonsten nimmt man Pelati als Basis, die geschälten Tomaten aus der Dose. Außerdem gehören Zwiebel und viel Knoblauch dran, Speck nur nach Gusto – oft ist Tomatensugo total fleischfrei, also sogar vegan.

FÜR 4–6 PERSONEN

75–100 g durchwachsener Bauchspeck (Pancetta oder Guanciale)
3 EL Olivenöl
1 große Zwiebel
3–5 Knoblauchzehen
1 dickes Bund glattblättrige Petersilie
1–2 getrocknete Chilis
2 Dosen geschälte Tomaten (à 400 g)
1 gehäufter EL Origano (italienischer Oregano)
Salz, Pfeffer
1 Zuckerprise

ZUBEREITUNG 15 MINUTEN PLUS 40–50 MINUTEN KOCHZEIT

Speck fein würfeln, in einer Pfanne im heißen **Öl** ausbraten. Auch **Zwiebeln** und **Knoblauch** fein würfeln und zufügen, ebenso die fein gehackte **Petersilie** sowie die zerkrümelten, entkernten **Chilis.** Gründlich durchschmurgeln lassen, die Zwiebeln müssen weich sein, bevor die **Tomaten** mitsamt Saft hinzukommen, da ihre Säure das verhindert. **Origano** zerrebeln und unterrühren. Die Sauce etwa 30 Minuten leise köcheln lassen. Immer wieder umrühren und eventuell einen Schuss Wasser angießen, falls zu viel verkocht. Mit **Salz, Pfeffer** und einer kräftigen Prise **Zucker** abschmecken. ● Zu dieser klassischen Sauce gehören natürlich Spaghetti, aber sie passt zu nahezu jeder Art von Pasta, zum Beispiel zu Penne, nach Gusto garniert mit frisch gehackten Kräutern. Das ist auch die Sauce, mit der man den Pizzaboden bestreicht und die man überall dort einsetzt, wo Tomatenduft vonnöten ist.

TIPP Was für ein schönes Geschenk für jeden Pasta-Fan: ein kleiner Vorrat an gut gewürztem Tomatensugo im Glas, dazu vielleicht noch eine Auswahl erstklassiger Nudeln, eventuell sogar, zu einem großen Anlass, auch der Super-Pasta-Kochtopf, den sich der Beschenkte schon so lange gewünscht hat, oder die praktische Nudelzange zum Servieren.

GETRÄNK Ein frischer, also junger Rotwein – aus Italien, aber auch gern aus einem deutschen Anbaugebiet.

Pasta alla Norma

PASTA MIT TOMATENSAUCE UND AUBERGINE

So isst man in Sizilien Pasta am liebsten: mit fruchtiger Tomatensauce, obenauf kross gebratene Auberginenwürfel und geraffelten, gereiften Ricotta salata – notfalls Scamorza oder auch Mozzarella, das wird aber nicht dasselbe sein … Das Gericht sieht nicht nur bildschön aus, es schmeckt auch wunderbar! Deshalb hat man ihm auch den Namen der Lieblingsoper gegeben: „Norma" von Bellini, dem berühmten Sohn der Stadt Catania.

FÜR 4–6 PERSONEN

1 Rezeptmenge Tomatensugo (siehe Seite 46)
1 Aubergine (300 g)
3 EL Olivenöl zum Braten
Salz, Pfeffer
150 g Ricotta salata (ersatzweise Pecorino) plus evtl. etwas zum Bestreuen)
1 Handvoll frische Basilikumblätter
500 g Penne oder Casarecce

ZUBEREITUNG 20 MINUTEN (OHNE SUGO)

Die **Tomatensauce** nach unserem Rezept klassisch zubereiten. • Die **Aubergine** in gut 2 cm große Würfel schneiden. In einer großen Pfanne im heißen **Öl** bei mittlerer Hitze langsam von allen Seiten goldbraun braten, dabei **salzen** und **pfeffern.** • Den **Käse** grob raffeln. Das **Basilikum** in feine Streifen schneiden. • In der Zwischenzeit die **Pasta** in **Salzwasser** al dente kochen, unter die Tomatensauce mischen, dabei Käse und Basilikum zufügen. In tiefen Tellern anrichten, die Auberginenwürfel erst zum Schluss darüber verteilen. Nach Belieben als Topping geraffelten **Käse** darüberstreuen.

TIPP Die Auberginenwürfel vor dem Braten nicht salzen! Bitterstoffe muss man heute nicht mehr entfernen, die hat man ihnen schon weggezüchtet. Und zu viel Öl nehmen sie auch nicht auf, wenn man sie nur langsam und geduldig genug brät, dann geben sie nämlich alles Öl wieder ab, das sie anfangs aufgesogen haben.

BEILAGE Weißbrot, am liebsten das in Sizilien übliche aus Hartweizen.
GETRÄNK Ein Etna rosso, das ist ein herzhafter Rotwein von den Hängen des Ätna.

Bucatini all'amatriciana

PASTA MIT TOMATEN, ZWIEBELN UND SPECK

Bucatini sind etwas dünnere Maccheroni, also dicke, hohle Spaghetti – sie gehören unbedingt zum Sugo all'amatriciana, also nach Art von Amatrice, einem Bergdorf in den Abruzzen. Ein Topos unter den Pasta-Saucen, jede(r) in Italien weiß, was auf dem Teller liegt, wenn er oder sie das bestellt.

FÜR 4–6 PERSONEN

100 g Guanciale, Pancetta oder luftgetrockneter Speck
2 EL Olivenöl
1 große rote Zwiebel (Tropea)
3–4 Knoblauchzehen
1 getrocknete Chili
½ Bund glatte Petersilie
1 Rezeptmenge Tomatensugo (siehe Seite 46; notfalls 1 Dose Pelati (400 g))
500 g Bucatini
Salz

ZUBEREITUNGSZEIT 15 MINUTEN PLUS CA. 15 MINUTEN GARZEIT (OHNE SUGO)

Den **Speck** in feine Würfel schneiden und im **Olivenöl** sanft auslassen, ein bisschen sogar bräunen. Die **Zwiebel** in feinen Halbringen und den gehackten **Knoblauch** zufügen. **Chilikerne** herausschütteln, die Chilis zerkrümeln, **Petersilienblätter** abzupfen, die Stiele und Chilikrümel in die Pfanne rühren. **Tomatensugo** zufügen oder die Pelati samt Saft und leise etwa 15 Minuten köcheln lassen (Pelati unbedingt länger, etwa 1 Stunde mitschmurgeln). • In der Zwischenzeit die **Bucatini** in **Salzwasser** al dente kochen. Am Ende die Sauce abschmecken, die fein gehackte Petersilie unterrühren. Die bissfest gekochten Nudeln tropfnass mit der Sauce mischen und auf tiefe Teller verteilen.

TIPP Wem Schärfe nicht geheuer ist, lässt die Chili ganz, dann kann man sie nach dem Kochen herausfischen.

VARIANTE Wer noch mehr Chilis einsetzt, erhält Sugo arrabbiata, also die zornige oder heftige Pasta-Sauce. Und wenn man zusätzlich schwarze Oliven, Anchovis und Kapern zufügt, entsteht Salsa puttanesca, die Hurensauce.

GETRÄNK In jedem Fall ein kräftiger Rotwein, etwa ein Aglianico del Vulture aus der Basilicata oder ein Sangiovese aus den Marken.

K LIVING

Sugo picchi pacchio (oder pacchiu)

SUGO AUS FRISCHEN TOMATEN

„Picchi pacchi" sagt man in Sizilien, wenn etwas im Handumdrehen fertig ist. Also ruckzuck! Diese köstliche, nach Sommer duftende Sauce aus reifen Tomaten ist wirklich fix – selbst wenn man sich die, wie wir finden, unbedingt nötige Mühe macht, die Tomaten dafür zu häuten. Mit frischen Eiernüdelchen steht das Essen wirklich unfassbar schnell auf dem Tisch.

FÜR 4 PERSONEN

4 sonnenreife, feste Fleischtomaten (800–1.000 g)
1 weiße Zwiebel
2–3 Knoblauchzehen
3 EL Olivenöl
Salz, Pfeffer
1 Bund Basilikum
400 g feine, frische Taglierini

ZUBEREITUNG 15 MINUTEN

Wer das Nudelwasser sowohl im Kocher wie im Nudeltopf aufsetzt, spart die Hälfte der Zeit. Die **Tomaten** darin eintauchen, eiskalt abkühlen und häuten. Mit dem Messer (nicht mit dem Mixer!) hacken. ● **Zwiebel** und **Knoblauch** fein hacken und in 2 EL heißem **Öl** weich dünsten, ohne dass sie Farbe annehmen. Tomaten samt Kernen und Fruchtwasser zufügen, **salzen** und **pfeffern.** Das **Basilikum** zerzupfen und unterrühren. ● Die **Nüdelchen** im gut **gesalzenen** Wasser 2 Minuten kochen, mit einer Zange herausheben und tropfnass unter die Sauce mischen. Mit dem restlichen **Olivenöl** würzen.

TOPPING Statt geriebenem Käse lieber knusprige sizilianische Brösel (siehe Seite 37) darüberstreuen.

GETRÄNK Ein sommerleichter, junger Rotwein, gern auch ein weiß gekelterter Spätburgunder.

Pasta al pesto genovese – con fagiolini e patate

PASTA AUF GENUESER ART – MIT GRÜNEN BOHNEN UND KARTOFFELN

Traditionellerweise nimmt man für dieses Gericht Trofie, gerollte kurze Nudeln, oder Trenette, schmale Bandnudeln. Beide werden ganz ohne Ei aus Hartweizengrieß und Wasser hergestellt. Sie sind deshalb fest im Biss und kernig im Geschmack. Dazu kommt der typische Basilikumduft des Pesto genovese, der berühmten, leuchtend grünen Basilikumsauce. Außerdem gehören hinein: feine grüne Böhnchen und Kartoffeln. Bei aller Üppigkeit ein herrlich sommerliches, leichtes Gericht!

FÜR 4 PERSONEN

Pesto

50 g Pinienkerne
3–4 Knoblauchzehen
etwa 2–3 gute Handvoll frische Basilikumblätter (50–60 g)
je 2 gehäufte EL (30 g) frisch geriebener Parmesan und alter Pecorino
6 EL Olivenöl
Salz, Pfeffer

Pasta

200 g Kartoffeln
Salz
300 g Trenette oder Trofie
150 g feinste grüne Böhnchen
Pfeffer

TIPP Es ist wichtig, dass das Basilikum immer unter dem Ölspiegel bleibt. An der Luft oxidieren die Basilikumblätter, wenn man sie zerkleinert, dann verlieren sie ihre leuchtend grüne Farbe und machen das Pesto grau.

ZUBEREITUNG CA. 30 MINUTEN PLUS CA. 10 MINUTEN KOCHZEIT

Für das Pesto die **Pinienkerne** in einer trockenen Pfanne kurz rösten, bis sie duften und ihr Fett abgeben. Dann etwas abgekühlt mit den geschälten **Knoblauchzehen, Basilikumblättern** und **Käse** im Mixer so lange zerkleinern und immer wieder einen Schuss **Öl** zufügen, bis eine dicke, glatte, leuchtend grüne Sauce entsteht. Vorsichtig **salzen,** der Käse ist salzig genug, und **pfeffern.** Wer das Pesto klassischerweise im großen Marmormörser zerstoßen will, muss mit Pinienkernen und grobem Meersalz beginnen, dessen grobe Körnchen helfen, die Basilikumblätter aufzureiben. Und man braucht ordentlich Muckis! Es spricht nichts dagegen, sich von der modernen Technik helfen zu lassen. ● Für die Pasta die **Kartoffeln** schälen, in Pommes-frites-schlanke Stifte schneiden. In reichlich **Salzwasser** 2 Minuten vorkochen, dann die **Pasta** sowie die geputzten **Böhnchen** zufügen und alles miteinander etwa 10 Minuten (oder nach Packungsaufschrift) garen. Abgießen, dabei eine Tasse Kochwasser auffangen. Nudeln, Kartoffeln und Bohnen in eine weite, vorgewärmte Schüssel füllen. ● Das Pesto mit einem guten Schuss Kochwasser nochmals aufmixen, zur Nudelmischung geben und alles rasch, aber behutsam mischen. So viel Kochwasser zufügen, dass die grüne Sauce die Pasta cremig umschließt. Aus der Mühle **pfeffern.**

TOPPING Eventuell noch mehr Parmesan oder Pecorino zum Nachwürzen.
GETRÄNK Ein Vermentino oder Pigato, einer der beiden typischen Weißweine aus Ligurien.

Tagliatelle al gorgonzola, noci e radicchio

PASTA MIT GORGONZOLA-WALNUSS-SAUCE

Der cremige, aber würzige Käse, der Biss der gerösteten Walnusskerne und dazu die Bitterkeit des Radicchio: Das ergibt einen wundervollen Kontrast! Am allerbesten, wenn man den schlanken Radicchio Trevisano tardivo bekommt, mit seinen schmalen, an der Spitze so hübsch gelockten Blättern. In dessen fester Wurzel steckt viel Würzkraft: auf der Gemüsereibe fein zerkleinern und in die Sauce rühren!

FÜR 4 PERSONEN

1 kleine Zwiebel oder Schalotte
2 Knoblauchzehen
1 Radicchio di Treviso (ca. 200 g)
80 g Walnusskerne
2 EL Olivenöl
100 g cremiger Gorgonzola
1 Tasse Milch (150–180 ml)
Salz, Pfeffer
2 EL frisch geriebener Parmesan
2 EL frisch geriebener Pecorino
etwa 400 g Tagliatelle oder Eierbandnudeln

ZUBEREITUNG 20 MINUTEN

Zwiebel und **Knoblauch** fein hacken. **Radicchio** quer in schmale Streifen schneiden. Die Wurzel rundum dünn schälen. Die **Walnusskerne** hacken, im heißen **Olivenöl** anbraten, herausheben und auf einem Teller beiseitestellen. • Zwiebeln und Knoblauch im verbliebenen Öl andünsten, den Radicchio kurz mitbraten, die Radicchiowurzel nicht zu fein reiben und unterrühren. Den gewürfelten **Gorgonzola** und so viel **Milch** in die Pfanne geben, dass er zu einer Creme schmilzt. **Salzen, pfeffern** und am Ende auch **Parmesan** und **Pecorino** unterrühren. • Unterdessen die **Pasta** in **Salzwasser** bissfest kochen und tropfnass in den Sugo geben, dabei eine Schöpfkelle Nudelwasser hinzufügen, auch jetzt die gerösteten Walnüsse untermischen.

BEILAGE Knuspriges Weißbrot. Und eventuell sogar ein kleiner Salat vom Radicchio mit Estragonessig und gehacktem frischem Estragon.

GETRÄNK Ein herzhafter, nicht zu säurestarker Weißwein aus Friaul, zum Beispiel ein Sauvignon blanc oder ein Pinot grigio.

Pappardelle al coniglio o alla lepre

BREITE NUDELN MIT KANINCHEN- ODER HASENSUGO

Für diesen Sugo braucht man Keulen und Vorderläufe eines Kaninchens oder eines Hasen, den man ganz genauso verarbeiten kann, die beiden werden ja gern verwechselt. Ein Hase lebt im Wald und hat dunkles Fleisch, das Kaninchen mit seinem hellen Fleisch lebt im Stall. Den zarten Rücken braten wir lieber extra und genießen ihn rosa und zart auf einem Salat, es wäre schade, ihn lange zu schmoren.

FÜR 4–6 PERSONEN

2 Keulen und 2 Vorderläufe eines mittelgroßen Kaninchens oder Hasen (knapp 1 kg – kann man übrigens so, also ohne den Rücken, kaufen)
2–3 EL Olivenöl
1 Zwiebel
2–3 Knoblauchzehen
1 Möhre
1 Stange Bleichsellerie
etwas Lauch
2 EL Tomatenmark
je 2 Thymian- und Rosmarinzweiglein
Salz, Pfeffer
je 2 Piment- und Wacholderbeeren
2–3 frische Tomaten (250 g plus evtl. einige Tomatenwürfel mehr) oder 1 Tasse passierte Tomaten
ca. 500 ml Weißwein (fürs Kaninchen, Rotwein beim Hasen)
1 Händchen Petersilien- oder Basilikumblätter
500 g breite frische Nudeln (z. B. Pappardelle)

ZUBEREITUNG 20 MINUTEN PLUS 1 GUTE STUNDE SCHMORZEIT

Kaninchen- oder **Hasenteile** rundum im heißen **Öl** anbraten. ● Inzwischen **Zwiebel, Knoblauch** und **Wurzelwerk** sehr klein würfeln. Nach und nach um das Fleisch herum streuen und mitrösten. **Tomatenmark** unterrühren und mitrösten, auch die **Kräuterzweige** zufügen. **Salzen** und **pfeffern,** die **Würzbeeren** zerquetscht zugeben, auch die zerkleinerten oder passierten **Tomaten.** Schließlich mit dem **Wein** ablöschen – nicht alles auf einmal, sondern immer wieder einen guten Schuss angießen und erst den nächsten, wenn die Flüssigkeit verkocht ist. Abgedeckt leise 1 Stunde schmurgeln lassen. ● Am Ende das Fleisch von den Knochen lösen und klein schneiden. Kräuterstiele aus der Sauce fischen, stattdessen das Fleisch einrühren. Nochmals abschmecken, eventuell mit frischen **Tomatenwürfeln** farblich auffrischen. Gehackte **Kräuter** unterrühren. ● Inzwischen die **Nudeln** in **Salzwasser** bissfest kochen. ● Zum Servieren die Nudeln tropfnass zum Ragù geben, vermischen und anrichten.

TIPP Dieses Ragù passt auch gut auf Nudelblätter. Diese werden kurz in reichlich siedendem Salzwasser gekocht, locker auf Tellern drapiert und mit einer Kelle Ragù bedeckt.

TOPPING Frisch geriebener Parmesan oder Pecorino.

GETRÄNK Ein junger Rotwein aus dem Veneto, etwa ein Valpolicella, passt zum hellen Kaninchensugo. Zum Hasenragù würden wir lieber zu einem kräftigeren Roten aus der Toskana greifen, zu einem Chianti classico, ruhig einem gereifteren Riserva.

FLEISCH UND FISCH

Traditionelles von Land und Meer

Der erste Gang einer klassischen italienischen Mahlzeit, genannt Primo, ist fast überall Pasta, also ein Nudelgericht, in manchen Regionen auch ein Risotto oder Gemüse, gern auch als Suppe oder Eintopf – in jedem Fall ist es der Gang, der satt machen soll. Denn als Secondo danach, als zweiten Gang, gibt's nur noch ein kleines Stückchen Fleisch oder Fisch oder auch ein feines, selteneres, also teureres Gemüse, zum Beispiel Artischocken oder Spargel – ein Magentratzerl, wie man in Bayern liebevoll sagen würde. Komplett wird das Essen mit einem Stück Käse anschließend, dessen Enzyme ja bekanntermaßen die Verdauung in Gang setzen und unterstützen, und am Ende eventuell noch Früchte der Saison oder ein Dessert. So lautet der Spielplan für die sogenannte mediterrane Diät, die, wie die Wissenschaft immer wieder bestätigt, besonders bekömmlich und gesundheitsförderlich ist. Weil die ausgewogene Zusammenstellung von Vitaminen (frisches Gemüse, Obst), leicht verdaulichen Kohlenhydraten (Nudeln, Reis), wenig tierischen Proteinen, getoppt von gutem Olivenöl extra vergine für uns Menschen außerordentlich zuträglich ist. Auf der Pasta, den Nudelgerichten, liegt also der Fokus, konzentriert sich die kulinarische Fantasie – die Vielfalt ist, wie wir ja schon in diesem Buch bis hierhin gezeigt haben, legendär. Das Verblüffende ist immer: Da bedarf es keines großen Aufwands. Basis für den Sugo, die Pasta-Sauce, kann der Bratenrest vom Vortag sein, die Keulen oder Flügel der Ente, deren Brust morgen auf den Tisch kommt, gewürfelte Salami, die hierfür etwas dicker aufgeschnitten wird, oder gleich eine herzhafte Salsiccia, also gut gewürzte, rohe Bratwurst, die man dafür aus der Haut löst und zerpflückt. Man braucht nicht viel davon, um einer Nudelsauce Fleischkraft und Geschmack zu geben. Dasselbe gilt auch für alles aus den Flüssen oder dem Meer: Es genügt ein Stück Fischfilet, ein, zwei Tassen Fischfleisch, das man von den Gräten pflückt, oder zwei Handvoll Meeresfrüchte, um ohne viel Mühe und im Handumdrehen eine meeresduftende Nudelsauce zu kreieren. Im folgenden Kapitel eine kleine Auswahl unserer liebsten Ideen und Variationen für Sughi mit Fleisch sowie mit Fisch und Meeresfrüchten.

Farfalle con sugo toscano

SCHMETTERLINGSPASTA MIT TOSKANISCHER FLEISCHSAUCE

Eine Variante zur Bolognese (siehe Seite 46). Man verfährt ganz genauso mit den gleichen Zutaten, nimmt jedoch statt des gemischten oder puren Rinderhacks gewürztes Schweinemett – also gepökeltes, mit Salz und Pfeffer, oft sogar auch mit Zwiebeln gewürztes Schweinefleisch – oder einfach den Inhalt von groben Schweinebratwürstchen. In der Toskana hat man dafür Salsiccia, die typischen frischen Würstchen, die sehr kräftig mit Fenchel gewürzt sind. Mit ihrem charakteristischen Fleischgeschmack geben sie der Sauce ihre besondere Note. Es lohnt sich, davon gleich eine doppelte oder noch größere Menge zu kochen und dann portionsweise einzufrieren oder in Schraubgläsern einzuwecken. So hat man immer rasch was Gutes zur Hand, wenn einen die Lust auf einen Teller herzhafter Pasta überkommt.

FÜR 4–6 PERSONEN

1 Zwiebel
3–4 Knoblauchzehen
2 EL Olivenöl
300 g Schweinemett
3 EL Tomatenmark
1 Möhre
2 Stengel Bleichsellerie
1 große Fleischtomate
1 Gewürznelke
1–2 getrocknete Chilis (nach Gusto für Schärfe)
evtl. 1 TL Fenchelsamen
Salz, Pfeffer
250 ml Rotwein
etwas glatte Petersilie
1 Lorbeerblatt
2 Rosmarinzweige
ca. 250 ml Fleischbrühe
500 g Pasta (z. B. Farfalle)

ZUBEREITUNG 30 MINUTEN PLUS 1–2 STUNDEN KOCHZEIT

Zwiebel und **Knoblauch** würfeln und in einer tiefen Pfanne im heißen **Öl** andünsten. Das zerpflückte **Schweinemett** zufügen und bei nunmehr stärkerer Hitze so lange braten, bis es krümelig geworden ist, dabei immer wieder mit einer Gabel oder dem Kochlöffel zerdrücken. Das **Tomatenmark** unterrühren und mitrösten. ● Die **Möhre** grob raffeln, **Selleriestangen** quer in Scheibchen schneiden, die **Tomate** häuten und würfeln. Zum Fleisch geben, ebenso die **Gewürze,** auch **Salz** und **Pfeffer. Rotwein** angießen. **Petersilienblättchen** abzupfen und beiseitelegen, die Stiele mit dem **Lorbeerblatt** und **Rosmarin** zum Sträußchen binden und mitkochen. Die Sauce nun leise ohne Deckel etwa 1–2 Stunden köcheln lassen. Ab und zu einen Schuss **Brühe** hinzufügen und umrühren, damit nichts ansetzt. ● Etwa 10 Minuten vor Ende der Garzeit die **Pasta** in **Salzwasser** al dente kochen. ● Zum Schluss das Sträußchen aus dem Sugo entfernen, stattdessen fein gehackte Petersilienblätter unterrühren, die tropfnasse Pasta dazugeben, mischen und nochmals abschmecken.

TIPP Diese Toskana-Sauce passt auch bestens zu dicken, gerippten, kurzen Maccheroni (Penne oder Rigatoni), auch zu Öhrchen-, Schmetterlings-, Spiral- oder allen Nudelformen, die die Sauce gut transportieren können.

TOPPING Frisch geriebener Pecorino.
GETRÄNK Ein herzhafter fruchtfrischer Chianti classico.

Ragù alla veneziana

KALBSLEBER-RAGOUT MIT GESCHMOLZENEN ZWIEBELN

Die Spezialität aus Venezien, Fegato alla veneziana, passt glänzend als Sauce zu Fusilli oder zu Fettuccine, also schmalen, am besten hausgemachten Bandnudeln. Die Süße der Zwiebeln hebt die herbe Note der Leber in geradezu himmlische Harmonie.

FÜR 4 PERSONEN

400 g Zwiebeln (eine milde Sorte, vorzugsweise weiße Gemüsezwiebeln; auch Höri-Bülle, Tropea oder Roscoff)
1–2 frische Knoblauchzehen
5 EL Olivenöl
evtl. etwas Fleisch- oder Gemüsebrühe
Salz, Pfeffer
400 g Fusilli, Fettuccine oder Linguine
400 g Kalbsleber (möglichst am Stück)
etwas Kerbel oder glatte Petersilie

TIPP Den Bratensatz der Leber mit einem kleinen Schuss Wein ablöschen und übers fertig angerichtete Gericht geben.

ZUBEREITUNG 20–25 MINUTEN PLUS 30–40 MINUTEN GARZEIT (FÜR DIE ZWIEBELN)

Die sorgfältig von allen harten und nicht saftigen Schalen befreiten **Zwiebeln** auf dem Gemüsehobel in hauchfeine Scheiben schneiden. In einen flachen, weiten Topf oder eine Pfanne mit möglichst absolut dicht schließendem Deckel geben. Die ebenfalls in feine Scheibchen geschnittenen **Knoblauchzehen** hinzufügen, alles mit der Hälfte des **Olivenöls** vermischen. Den Deckel auflegen und bei milder Hitze ganz langsam schmelzen, dabei ab und zu nachschauen, ob die Zwiebeln noch dünsten oder Farbe anzunehmen beginnen, was nicht geschehen sollte. Wenn der Deckel nicht gut schließt und die Flüssigkeit zu schwinden droht, einen Schuss **Brühe** zufügen, damit die Zwiebeln auf keinen Fall ansetzen oder gar bräunen. Bis sie cremig zart geworden sind, vergehen mindestens 30, vielleicht sogar 40 Minuten. Dabei soll nahezu alle Flüssigkeit verkochen, jedoch eine geschmeidige Konsistenz verbleiben. Erst ganz zum Schluss **salzen** und **pfeffern.** ● Inzwischen die **Pasta** in **Salzwasser** bissfest kochen. ● Die **Kalbsleber** in hauchdünne Scheibchen schneiden, etwa von der Größe (nicht Stärke!) einer Streichholzschachtel. Im verbliebenen **Öl** in einer zweiten, möglichst unbeschichteten Pfanne oder im Wok bei sehr starker Hitze rasch kross anbraten. Das darf höchstens 1 Minute dauern, dabei ständig rühren, auch **salzen** und nach Geschmack aus der Mühle **pfeffern.** ● Die nur rasch und daher unvollkommen abgetropften Nudeln mit den geschmolzenen Zwiebeln mischen und in tiefen Tellern anrichten, mit den Leberscheibchen krönen und mit reichlich abgezupften **Kerbel-** oder **Petersilienblättchen** dekorieren.

GETRÄNK Trinken Sie dazu einen trockenen Weißwein aus Venetien – Soave, Lugana oder Pinot bianco del Piave. Oder auch einen fruchtigen Roten, vorzugsweise Valpolicella oder Bardolino.

Orecchiette con carciofi

ÖHRCHENNUDELN MIT ARTISCHOCKEN

Diese hübschen Nudelöhrchen, die man in Apulien so liebt, brauchen herzhaftes Gemüse als Begleitung. Klassisch sind in ihrer Heimat Rapa (eine sehr ursprüngliche, noch wildnahe, rapsähnliche Kohlart), aber auch Broccoli, Romanesco oder Blumenkohl – Letzteren gern in den verschiedenen Farben, die man dort zur Verfügung hat: gelb, lila oder sogar giftgrün. Wir nehmen hier Artischocken, sie sind leider noch immer nicht selbstverständlich in unseren Supermärkten, aber immer öfter zu finden. Je nach Jahreszeit gibt es die kleinen Castraure, das sind die ersten Knospen, so klein, dass zwei in eine Hand passen. Die von mittlerer Größe sind besonders gut, wenn ihre Blattspitzen mit Dornen bewehrt sind. Von den dicken, runden, sogenannten Mamme reicht fast schon eine für das folgende Rezept. Artischocken zu putzen, erfordert Mut und Großzügigkeit, denn es muss eine Menge weggeschnitten werden, bis das einzig Genießbare, das zarte Herz beziehungsweise der Boden, frei liegt.

FÜR 4–5 PERSONEN

2–4 Artischocken (je nach Größe)
Saft und fein abgeriebene Schale von 1 Zitrone
500 g Orecchiette (Öhrchennudeln)
Salz
2 EL Olivenöl
Pfeffer
1 Prise Chilipulver
50–100 g luftgetrockneter Speck in dünnen Scheiben (Guanciale oder Coppa = Backe oder Nacken)
1 große Zwiebel
3 Knoblauchzehen
30 g Pinienkerne
etwas Kerbel oder glatte Petersilie
50 g geriebener Parmesan
1–2 EL Butter

ZUBEREITUNG 30 MINUTEN

Die **Artischocken** sorgsam putzen: zunächst die unteren Blätter abbrechen und die Bruchstellen mit einem Messer glätten, dafür am Stiel beginnen. Sollte ein längerer Stiel dabei sein, diesen ebenfalls sorgsam schälen, alles Faserige bis auf das helle Mark entfernen. Schließlich das obere Drittel der Artischocke quer kappen. Beherzt alles Dunkle wegschneiden, nur das Gelbe stehen lassen. Das Herz senkrecht halbieren, aus jeder Hälfte mit einem Löffel das „Heu“ herauskratzen, den Boden schön glatt schneiden. In eine Schüssel mit **Zitronenwasser** legen (½ Zitrone), damit sie hell bleiben. • Die **Orecchiette** nach Packungsvorschrift in **Salzwasser** bissfest kochen. • Die Artischockenherzen in Würfel oder Spalten schneiden, Größe etwa wie die Nudeln. In einer Pfanne in **Olivenöl** anbraten, dabei **salzen,** mit **Pfeffer** und **Chilipulver** würzen. Ein bisschen **Speck** in feinen Streifen dazu, sobald beides zart gebräunt ist, auch fein gewürfelte **Zwiebel, Knoblauch** und die **Pinienkerne** zufügen. 2 Minuten leise schmurgeln lassen. Schließlich die bissfesten Orecchiette tropfnass untermischen. **Zitronenabrieb,** fein gehackte **Kräuter,** frisch geriebenen **Parmesan** und **Butter** unterrühren. Mit restlichem **Zitronensaft** und **Chili** abschmecken. In tiefen Tellern anrichten.

TOPPING Nach Belieben weiteren Parmesan zum Darüberreiben oder geröstete sizilianische Brösel (siehe Seite 37), gern auch beides.

GETRÄNK Ein Weißwein aus Sizilien oder von den südlichen Inseln (etwa Pantelleria), der leicht oxidativ ausgebaut sein kann, also sehr kräftig im Geschmack ist.

Ungarische Spitzkohlfleckerl

Wir lieben diese feurige Pasta, wie sie unser Freund Lajos so wundervoll zubereitet. Er nimmt für die Fleckerl einfach die frische Pasta aus dem Kühlregal. Damit steht das Gericht schnell und problemlos auf dem Tisch. „Maltagliati" würde man Fleckerl auf Italienisch nennen, „schlecht Geschnittene", denn sie werden durchaus nicht wie mit dem Lineal zugeschnitten. Für die Schärfe ist die Qualität des Paprikapulvers entscheidend. Lajos bringt immer verschiedene Varianten aus Ungarn mit. Er verwendet reichlich süße Delikatesspaprika, schärft mit einer kleinen Dosis Rosenpaprika und würzt obendrein mit einem Hauch geräucherter Paprika. Himmlisch!

FÜR 4 PERSONEN

1 Rolle fertiger frischer Nudelteig (ca. 500 g) oder frische Pasta (selbst gemacht, siehe Seite 12; oder vom Italiener)
3 EL Salz
ca. 400 g Spitzkohl
1 dicke Zwiebel
2–3 Knoblauchzehen
2 EL Öl
100 g durchwachsener Bauchspeck in dünnen Scheiben
1 TL Zucker
1 gehäufter EL süßes Paprikapulver
1 gehäufter TL Rosenpaprika
½ TL geräuchertes Paprikapulver
2 EL Apfelessig
einige Dillzweige (evtl. mit Dillblüten)

ZUBEREITUNG 30 MINUTEN

Den **Nudelteig** ausbreiten und in etwa 3–4 cm breite, aber unregelmäßige „Flecken" schneiden. Im ausreichend kräftig **gesalzenen** Wasser bissfest kochen. ● Weil das nur wenige Minuten dauert, sollten die übrigen Handgriffe bereits erledigt sein: den **Kohl** putzen, also dicke Strunkteile entfernen und die Blätter in ähnlich große „Flecken" wie die Nudeln schneiden. **Zwiebel** und **Knoblauch** fein würfeln. In einem breiten Topf im heißen **Öl** sanft anschwitzen, den Kohl zufügen und dabei alle Flüssigkeit verdampfen lassen. ● Den **Speck** in feine Streifen schneiden und mitdünsten, er soll nur gerade eben ein wenig bräunen. Den **Zucker** darüberstreuen und karamellisieren. Jetzt alle drei Sorten **Paprikapulver** zufügen und rasch umrühren, bis alles rot überzogen ist. Sofort mit **Essig** ablöschen – das alles muss sehr schnell gehen, damit das Paprikapulver nicht zu heiß und dabei bitter wird. Aber ruhig mutig mit den Gewürzen umgehen, denn Kohl verträgt einiges! ● Die tropfnasse Pasta gründlich untermischen, auch den fein gehackten **Dill.** Wenn vorhanden, mit **Dillblüten** schmücken. Sofort servieren – gerade diese Pasta verträgt keinen Aufschub!

TOPPING Frisches Weißbrot. Und für jeden einen Klecks Sauerrahm!

GETRÄNK Entweder zischt man dazu ein Bier. Oder man genießt ein Gläschen Weißwein dazu, zum Beispiel einen Furmint aus Ungarn oder dem Burgenland, oder auch einen gelben Muskateller aus der Südsteiermark.

Pappardelle all'anatra e arance

BREITE NUDELN MIT ENTE UND ORANGE

In Italien gehören zu den unterschiedlichen Pasta-Sorten jeweils ganz bestimmte Sughi, wie man zu Nudelsaucen sagt, die jeweils besonders gut passen. Pappardelle, die überbreiten Nudeln, die man am liebsten frisch und hausgemacht genießt, kombiniert man stets mit üppigen Fleischsaucen, gern mit dunklem Fleisch, neben Rindfleisch auch Wild, zum Beispiel Hase oder Wildschwein, oder auch mit groben Schweinewürsten wie Salsicce. Beliebt ist auch Geflügel wie Ente, Fasan oder Rebhuhn. Damit entstehen intensive Schmorsaucen, die kräftig schmecken und sich gut mit den breiten Nudeln verbinden.

FÜR 4 PERSONEN

2 Entenkeulen
1 große Zwiebel
3–4 Knoblauchzehen
1 Möhre
2–3 Stangen Bleichsellerie
Salz, Pfeffer
2 EL Tomatenmark
1 Dose Tomatenfleisch oder Pelati (400 g)
1 TL Origano (italienischer Oregano)
je 3–4 Stengel Basilikum und glatte Petersilie
2 Orangen
400 g Pappardelle (fertig gekauft oder nach dem Grundrezept für Nudelteig mit Ei (siehe Seite 12)

ZUBEREITUNGSZEIT 30 MINUTEN PLUS CA. 1 STUNDE SCHMORZEIT

Die Haut von den **Entenkeulen** abziehen, mit einem scharfen Messer in Würfel schneiden und in einer breiten Pfanne langsam ausbraten, bis sie alles Fett abgegeben haben und knusprig sind. Das Fett abgießen und auffangen. Die Knusperkruspeln in einem Sieb darüber abtropfen lassen. Das Entenfleisch von den Knochen schneiden und klein würfeln. ● **Zwiebel, Knoblauch, Möhre** und **Stangensellerie** putzen, in möglichst gleichmäßige, kleine Würfel schneiden. In 2 EL Entenfett andünsten. Entenfleisch zufügen, alles **salzen** und **pfeffern. Tomatenmark, Tomatenfleisch** und **Origano** unterrühren. Die **Kräuterblätter** abzupfen und beiseitelegen, die Stiele dann mit einem Faden zusammenschnüren und mitköcheln. Die **Orangenschale** mit dem Sparschäler abschneiden, mit dem Messer in feinste Zesten oder Würfel schneiden und in den Sugo rühren. Alles 1 gute Stunde abgedeckt auf milder Hitze ganz leise schmoren lassen. ● Inzwischen das Weiße (das sogenannte Mesokarp) der Orange glatt wegschneiden und das nun freiliegende Orangenfleisch keilförmig aus den Häuten lösen. ● Die **Pappardelle** in **Salzwasser** al dente kochen, sie sollten in diesem Fall noch deutlich Biss behalten, bevor man sie mit dem Orangenfleisch samt -saft zum Sugo gibt und vermischt und noch ein paar Minuten in der Sauce im Schmortopf leise ziehen lässt. So garen sie nach und imprägnieren sich mit dem Geschmack der Sauce. Die Stiele entfernen, die Kräuterblätter erst ganz zum Schluss fein gehackt unter die fertige Sauce rühren. In vorgewärmten tiefen Tellern anrichten, mit den Entenhautkruspeln bestreuen.

TOPPING Geriebener Käse ist hier Geschmackssache, die darübergestreuten Entenhautkruspeln passen eigentlich viel besser und geben einen schönen Biss.

GETRÄNK Ein üppiger Roter aus Apulien, etwa ein derzeit so angesagter Primitivo, der hervorragend zum dunklen Fleisch passt.

Cavatelli con verza estiva, salsiccia e ricotta

PASTA MIT SOMMERWIRSING, BRATWURST UND RICOTTA

Keine mit Fenchelsamen gewürzte Salsiccia bekommen? Kein Problem! Einfach rohe Nürnberger oder andere rohe Bratwürstchen kaufen, aus der Haut lösen und mit Knoblauch, Fenchelsamen und Chili nach eigenem Gusto selbst herzhaft würzen. Ob man das Brät einfach so in die Pfanne gibt und krümelig brät oder ob man Bällchen daraus formt, macht man am besten davon abhängig, welche Nudelsorte zum Einsatz kommt: Für Orecchiette oder eine andere kurze dicke Sorte dürfen es Bällchen in passender Größe sein, wenn sich die Sauce um Spaghetti oder andere lange Nudeln schmiegen soll, einfach zerpflücken und mitbraten. Eine wunderbare Idee, die Sauce für Pasta mit frischem Ricotta zu binden, ihr Frische und Leichtigkeit zu geben. Mit Quark ist diese italienische Spezialität nur unzureichend übersetzt. Es handelt sich um die Molke (meist) von Schafsmilch, die beim Käsen übrig bleibt und nochmals erhitzt wird (ricotta = wieder aufgekocht), dabei flocken die darin noch reichlich enthaltenen Eiweißbestandteile aus und klumpen sich zu einer weißen Masse zusammen. Abgetropft sieht das wie frischer Quark aus, schmeckt aber weniger säuerlich, viel duftiger und würziger – vor allem, wenn es sich um ein handwerkliches und kein Industrieprodukt handelt.

FÜR 4 PERSONEN

1 Zwiebel
3 EL Olivenöl
3–4 Knoblauchzehen
1 TL Kreuzkümmelsamen
etwas glatte Petersilie
400 g frische Salsicce (alternativ frische grobe Bratwurst)
ca. 300 g junger Wirsing (oder Blumenkohl, z. B. grün oder lila)
je 2 Rosmarin- und Thymianzweige
250 ml Fleisch- oder Gemüsebrühe
Salz, Pfeffer
300–400 g Pasta (z. B. Cavatelli, Orecchiette oder Penne)
200 g Ricotta
50 g frisch geriebener Pecorino

ZUBEREITUNG 20–30 MINUTEN

Die **Zwiebel** fein würfeln und im **Öl** andünsten. Gehackten **Knoblauch** zufügen, den zerstoßenen **Kreuzkümmel** und die Hälfte der gehackten **Petersilie.** Die **Salsicce** häuten, kleine Bällchen aus dem Brät formen und mitbraten, sie dürfen ruhig Bratspuren bekommen. • **Wirsingblätter** von den dicken Blattrippen befreien und in fingerbreite Streifen schneiden, zufügen und bei jetzt kleinerer Hitze einige Minuten mitdünsten (Blumenkohl dafür in Röschen schneiden). Die **Kräuterzweige** in die Pfanne legen, nach und nach mit **Brühe** benetzen, etwa 10 Minuten leise köcheln, bis das Gemüse weich ist. Mit **Salz** und **Pfeffer** abschmecken. • Inzwischen die **Pasta** nach Packungsaufschrift in **Salzwasser** bissfest kochen. • Zum Fertigstellen in einer großen Schüssel **Ricotta** mit einem kleinen Schuss Nudelkochwasser glatt rühren, abgetropfte Pasta darin schwenken, dabei mit geriebenem **Käse** sowie der restlichen **Petersilie** bestreuen und sofort die jetzt dick eingekochte Gemüse-Bratwurst-Sauce darübergeben. Alles sorgsam mischen und servieren.

BEILAGE Krumiges Weißbrot.
GETRÄNK Ein fruchtiger Weißwein, etwa ein Grillo aus Sizilien.

Ditali con peperoni e salame

NUDELN MIT PAPRIKA UND SALAMI

Ditali sind bis zu 2 cm große Röhrennudeln, Ditalini erheblich kleiner, etwa kleinfingernagelgroß. Hier ist es besonders wichtig, dass die übrigen Zutaten passend auf die Größe hin zugeschnitten werden – das sind vielleicht ein paar Handgriffe mehr und das Nudelgericht sieht gleich entzückend aus.

FÜR 4 PERSONEN

400 g Pasta
Salz
4 Knoblauchzehen
je 1 rote, gelbe und grüne, dickwandige Spitzpaprika bzw. je 100 g normale Paprika
1 grüne Chili
4 EL Olivenöl
75–100 g Salami, in 3 mm dicke Scheiben geschnitten
Pfeffer
etwas glatte Petersilie

ZUBEREITUNGSZEIT CA. 15 MINUTEN

Die **Nudeln** in **Salzwasser** bissfest kochen. ● Inzwischen mit der Messerklinge die **Knoblauchzehen** aus der Schale quetschen und fein hacken. **Paprika** mit dem Sparschäler hauchdünn schälen, der Pasta entsprechend zuschneiden, dabei natürlich entkernen. **Chili** ebenfalls entkernen und fein hacken. ● In einer großen Pfanne den Knoblauch in 2 EL heißem **Öl** kurz andünsten, Paprika, Chili und **Salami** hinzufügen. 3–4 EL Nudelkochwasser angießen, sprudelnd aufkochen, dabei das restliche **Öl** zugeben. Die nur kurz abgetropften Nudeln untermischen. **Pfeffern** und die fein gehackte **Petersilie** unterschwenken.

TOPPING Frisch geriebener Käse – nach Gusto Grana Padano oder Pecorino.

GETRÄNK Ein herzhafter Rotwein, zum Beispiel ein Negroamaro aus Apulien oder ein Aglianico del Vulture aus der Basilicata.

Fettuccine al crema di zucchine con bresaola e noci

BANDNUDELN MIT ZUCCHINICREME, RINDERSCHINKEN UND WALNÜSSEN

Bresaola (gesprochen Bresáola) ist ein würziger, magerer Rinderschinken aus dem Valtellin im Nordwesten Italiens, etwa das Gegenstück zum Bündner Fleisch jenseits der Alpen. Allerdings nicht so vollkommen durchgetrocknet, sondern deutlich saftiger. Sein konzentriertes Aroma gibt dieser Nudelsauce ihren typischen Geschmack.

FÜR 2–3 PERSONEN

60 g Walnusskerne
1 EL Zucker
Salz
1 Prise Chilipulver
150 g Bresaola in dünnen Scheiben
250 g Fettuccine
300 g möglichst kleine Zucchini
2 Frühlingszwiebeln
2 Knoblauchzehen
1 kleine grüne Chili
2 EL Olivenöl (oder Butter)
Pfeffer

ZUBEREITUNG 25 MINUTEN

Walnüsse grob hacken und in einer Pfanne ohne Fett rösten. Mit **Zucker** bestreuen und karamellisieren, mit **Salz** und einem Hauch **Chilipulver** würzen. Abkühlen lassen. ● **Bresaola** in Streifen von der Breite der Nudeln schneiden. ● Die **Nudeln** in **Salzwasser** bissfest kochen. ● Währenddessen die **Zucchini** würfeln, **Frühlingszwiebeln** in Ringe schneiden, geschälten **Knoblauch** zerdrücken. Entkernte **Chili** hacken. In einem Topf in heißem **Öl** oder **Butter** (gern auch eine Mischung von beidem) zuerst die Zucchini kräftig anbraten, dann Frühlingszwiebeln, Knoblauch und Chili zufügen und 2 Minuten auf nunmehr geringerer Hitze mitdünsten. Eine gute Tasse davon beiseitestellen, den Rest im Mixer oder mit dem Mixstab glatt pürieren, dabei 2 EL Nudelkochwasser zufügen, bis die Sauce angenehm cremig ist. Mit **Salz** und **Pfeffer** abschmecken. ● Zum Servieren die Pasta tropfnass mit der Zucchinicreme, den beiseitegestellten Würfeln sowie den Bresaola-Streifen mischen. In vorgewärmten Tellern anrichten und mit gerösteten, karamellisierten Nüssen bestreuen.

GETRÄNK Ein kräftiger Rotwein, etwa ein Valtellina rosso (von der Nebbiolo-Traube) aus der Region, wo auch Bresaola erzeugt wird. Oder ein guter trockener Lambrusco (etwa „di Sorbara“).

TIPP Man muss ja hierzulande nehmen, was der Fischhändler oder die (Tief-)Kühltruhe des Supermarkts bietet. Oft hat der Asia-Laden ein spannenderes, vielfältigeres Angebot. Einfach mal stöbern und ausprobieren!

Pasta frutti di mare ai pomidori al cartoccio

PASTA MIT MEERESFRÜCHTEN UND TOMATENSAUCE IN DER PERGAMENTHÜLLE

„Al cartoccio" gegart, also in einer großen Hülle aus Küchenpergament beziehungsweise Backpapier, hat zweierlei Vorteile: Es ist (vor allem in der Gastronomie) praktisch, weil die einzelnen Bestandteile des Gerichts schon vorbereitet sind und erst in die Hülle gepackt und zur Fertigstellung in den Ofen geschoben werden, wenn sie für die Gäste abgerufen werden. Und es hat den Effekt, dass die Meeresfrüchte besonders schonend garen und sich die Aromen gegenseitig intensiv durchdringen. Sowohl Sauce wie Nudeln nehmen Meeresduft und Gewürze besser auf. Wenn das Papierpaket zu Tisch gebracht und vor den Augen der Gäste beziehungsweise in Reichweite ihrer Nase geöffnet wird, entströmt ihm ein verführerischer Duft: Alle werden begeistert sein! Und was im Restaurant Erfolg hat, klappt garantiert auch zu Hause. Wer tiefgekühlte Meeresfrüchte nehmen muss, die bereits gar sind, oder solche aus dem Glas, muss unbedingt eine kürzere Zeit im Backofen berücksichtigen, damit die Meeresfrüchte nicht zu hart werden.

FÜR 4–6 PERSONEN

1 Rezeptmenge Tomatensugo (siehe Seite 46)
500 g Spaghettini oder Spaghetti
Salz
je 250 g Venus- und Miesmuscheln
100 g kleine rohe Garnelen mit Schale
200 g kleine Tintenfischchen (Calamaretti)
Pfeffer
Saft und abgeriebene Schale von ½ Zitrone
2 EL fein gewürfelte Salzzitrone
etwas glattblättrige Petersilie

ZUBEREITUNG CA. 15 MINUTEN (OHNE SUGO) PLUS 8–10 MINUTEN BACKZEIT

Den **Tomatensugo** nach dem Rezept zubereiten. ● Den Backofen auf 200 °C Ober-/Unterhitze (180 °C Heißluft) vorheizen. ● Die **Pasta** in **Salzwasser** sehr bissfest kochen. ● Unterdessen die **Muscheln** gründlich säubern und bürsten. Die **Garnelen** waschen, die **Tintenfische** sorgfältig reinigen und in mundgerechte Stücke schneiden. Garnelen und Tintenfischstücke **salzen, pfeffern** und mit **Zitronensaft** und **Zitronenschale** sowie fein gewürfelter **Salzzitrone** würzen. Die Meeresfrüchte in die heiße Tomatensauce geben, die tropfnasse Pasta und auch etwas fein gehackte **Petersilie** untermischen. ● Ein großes Stück Pergament- oder Backpapier auf eine feuerfeste Platte oder das Backblech breiten. Die Nudelmischung daraufbetten, das Papier darüber zusammenfalten, dabei einen Luftraum lassen. Das Papier überall sorgsam zukniffen, damit keine Luft entweichen kann. ● Das Paket in den vorgeheizten Backofen schieben und 8–10 Minuten backen. So lange dauert es, bis die Meeresfrüchte und die Pasta wirklich gar sind.

BEILAGE Ciabatta oder Baguette, das man, auch wenn es frisch ist, für einige Minuten zum Paket in den ja ohnehin heißen Ofen schieben sollte – frisch aufgeknuspert ist es einfach der größere Genuss.

GETRÄNK Ein ausdrucksstarker Pigato oder ein leichterer Vermentino, beides typische Weißweine aus Ligurien. Oder auch ein frischfruchtiger, trockener deutscher Riesling oder Silvaner.

Tagliolini con calamaretti, zafferano e prezzemolo

FEINE NÜDELCHEN MIT KLEINEN KALMAREN, SAFRAN UND PETERSILIE

Es gibt sie durchaus, fertig käufliche erstklassige feinste Nüdelchen, vielleicht nicht überall, aber bestimmt im Feinkostladen (oder beim Weinimporteur, der auch italienische Feinkost anbietet), natürlich sind sie ein bisschen teurer … Aber es lohnt sich, wenn man keine Zeit (oder Lust) hat, sie selbst zu machen. In jedem Fall sollte die Sauce schon fertig sein, bevor die Pasta ins Kochwasser gelangt, die so fein ist, dass sie kaum 2–3 Minuten zum Garwerden braucht. Statt der Kalmare kann man natürlich auch andere Arten von Tintenfisch nehmen, Sepie oder kleine Oktopusse (Moscardini), die allerdings in leise siedendem Wasser etwas länger garen müssen – einfach je nach Größe schon vor der Pasta oder zusammen mit ihr ins Nudelwasser geben.

FÜR 4 PERSONEN

500 g kleine Kalmare
Salz
2 Frühlingszwiebeln
3–4 Knoblauchzehen
2–3 EL Olivenöl plus etwas zum Beträufeln
1 Döschen Safran
2–3 Stengel glatte Petersilie
500 g feinste Tagliolini
Schale von ½ Zitrone

TIPP Zu Fisch oder Meeresfrüchten niemals Käse. Hier passen scharfe sizilianische Brösel (siehe Seite 37).

ZUBEREITUNG 20 MINUTEN

Die **Kalmare** putzen: Die Tentakel vorsichtig, aber beherzt mitsamt Innereien aus dem Körperbeutel ziehen, oberhalb der Augen abtrennen, waschen, das Maul im Zentrum herausdrücken, die Innereien wegwerfen. Den Beutel – die dünne dunkle Haut – abstreifen, innen sorgsam auswaschen und quer in nudelfeine Streifen schneiden. In einem Sieb ins kochende Nudelwasser **(Salzwasser)** hängen, das man inzwischen aufgesetzt hat, nur 1 Minute, bis sie weiß und fest geworden sind. Herausheben und gut abtropfen lassen. ● **Frühlingszwiebeln** in feine Ringe schneiden, **Knoblauchzehen** zerklopfen und grob hacken, beides in einer Pfanne im **Olivenöl** andünsten. Den **Safran** in etwas Nudelkochwasser auflösen, in die Pfanne gießen und vom Herd nehmen, Kalmare und reichlich fein gehackte **Petersilie** dazugeben. Die inzwischen rasch gekochte **Pasta** tropfnass damit mischen – sie färbt sich sofort durch den Safran leuchtend gelb und duftet verführerisch. Etwas **Zitronenschale** darüberreiben. ● Die Pasta in vorgewärmte Teller verteilen, einen Kringel **Olivenöl** obenauf und servieren.

BEILAGE Frisches Italienerbrot. Und Zitrone, in Hälften oder Vierteln, sodass man sich nach Gusto darüberträufeln kann.

GETRÄNK Einen schönen, gehaltvollen Weißwein dazu servieren. Zum Beispiel einen Chardonnay aus Südfrankreich, Mallorca oder Sizilien, auch ein Ribolla Gialla aus dem Friaul wäre ideal.

Pasta con gamberetti al peperoncino

PASTA MIT CHILI-GARNELEN

Das ist eine eher spanische Pastasaucen-Variante. Inspiriert von der wundervollen spanischen Zubereitung für Garnelen: gambas en ajillo. Hier passt eine kleine Pasta-Sorte, die in Größe und Form etwa den Garnelenstückchen entspricht, etwa Minipenne oder Ditalini. Es sind auch schmale Eiernudeln geeignet, wenn sie den richtigen Biss haben, zum Beispiel à la guitarra – das sind mit dem Draht geschnittene, viereckige feine Eiernudeln. In diesem Fall die Garnelen eher schmal und länglich zuschneiden!

FÜR 4 PERSONEN

300 g geschälte Garnelenschwänze (TK, unbedingt roh!)
400 g Pasta (siehe oben)
Salz
4 EL Olivenöl
1–3 getrocknete rote Chilis
6 Knoblauchzehen
Pfeffer
1 Händchen Basilikumblätter

ZUBEREITUNG 20 MINUTEN

Die **Garnelen** mit kochendem Wasser überbrühen, nach 1 Minute abgießen, kalt abspülen, einige Minuten abtropfen und auftauen lassen. Dann längs halbieren, dabei, falls noch vorhanden, den schwarzen Darm entfernen. Je nach Pasta-Form die Hälften nochmals quer oder längs durchschneiden, große Exemplare sogar mehrmals. • **Pasta** in reichlich gut **gesalzenem** Wasser bissfest kochen. • Inzwischen in einer Pfanne das **Öl** erhitzen, die **Chilis** darin kurz anrösten – die Kerne natürlich wie immer vorher entfernen. Den grob gehackten **Knoblauch,** rasch auch die abgetropften Garnelenstücke zufügen, gründlich durchschwenken, dabei **salzen** und **pfeffern** und gleich auch die tropfnasse Pasta zugeben. Mischen, dabei das in feine Streifen geschnittene **Basilikum** untermischen. In vorgewärmte Teller verteilen.

TOPPING Ein paar hauchdünn gehobelte Scheibchen vom Manchego darüberstreuen. Der passt hier tatsächlich glänzend, auch wenn in Sizilien ja die Hyänen kotzen, wie Kult-Commissario Montalbano aus Sizilien weiß, wenn man zur Pasta mit Meeresfrüchten Käse serviert. Aber Ausnahmen bestätigen schließlich die Regel.

GETRÄNK Ein runder, weicher Rotwein, zum Beispiel aus dem Priorat im Norden Spaniens oder der Region Valencia.

Mafalde con vongole e zucchine

GELOCKTE NUDELN MIT TEPPICHMUSCHELN UND ZUCCHINI

Mafalde, das sind breite Bandnudeln, die am Rand gelockt sind, was nach dem Kochen eine interessante Konsistenz ergibt: Sie bleiben an den gewellten Rändern bissfester als in der Mitte. Sie sollen ihren Namen zu Ehren der Geburt von Mafalda, der Tochter Viktor Emanuels III., bekommen haben, zuvor nannte man sie einfach Tagliatelle nervate (gewellte Nudeln) oder Fettuccelle ricche (reiche Bandnudeln). Für diesen Sugo werden Schalotten oder weiße Zwiebeln, Knoblauch und reichlich Zucchinistifte angedünstet, dazu kommen Vongole veraci, die köstlichen Teppichmuscheln. Alles wird mit Brandy flambiert und mit einem guten Schuss Nudelwasser aufgefüllt, das mit seiner Stärke der Sauce eine kleine Bindung gibt. Erst zum Schluss werden die Nudeln untergemischt – geht ganz fix und der Teller wirkt hochelegant!

FÜR 4 PERSONEN

1 kg Vongole veraci (Teppichmuscheln)
2 Schalotten oder 1 weiße Zwiebel
3 EL Olivenöl
4 Knoblauchzehen
3 kleine Zucchini (300 g)
2 rote Chilis (1 milde und 1 scharfe)
1 Sträußchen Basilikum
Salz, Pfeffer
400–500 g Pasta (z. B. Mafalde)
2 EL Brandy oder Cognac

ZUBEREITUNG 20 MINUTEN

Die **Muscheln** in einem Sieb unter fließendem Wasser abbrausen. ● **Schalotten** oder **Zwiebel** fein würfeln, im **Öl** andünsten, **Knoblauch** durch die Presse zufügen. Die **Zucchini** längs in kleinfingerkurze, dünne Stifte schneiden. Kurz mitbraten, dafür die Hitze etwas verstärken, damit sie Bratspuren bekommen. Die **Chilis** entkernen, fein würfeln und hineinstreuen, die Hälfte des **Basilikums** zerzupfen und mitschmurgeln. **Salzen** und **pfeffern.** ● Inzwischen die **Pasta** bissfest kochen. ● Die Muscheln zur Zucchinimischung geben, Deckel auflegen, 5 Minuten heftig kochen, jetzt müssten alle Muscheln geöffnet sein – falls nicht, geschlossene Exemplare herauslesen und wegwerfen. Den **Brandy** oder **Cognac** angießen, sofort anzünden und abbrennen lassen. Die tropfnasse Pasta untermischen, auf vorgewärmten Tellern anrichten, mit dem restlichen **Basilikum** garnieren und servieren.

TIPP Ja, die Muscheln befinden sich noch in ihrer Schale, man fischt sie mit der Hand vom Teller und saugt sie aus – ein geradezu archaisches Vergnügen!

TOPPING Knusprige sizilianische Brösel (siehe Seite 37) statt Käse.

GETRÄNK Dazu passt ein Vermentino aus Sardinien, Ligurien oder auch von der toskanischen Küste – Vermentino, so sagt man in Italien, schmeckt nur dann gut, wenn er das Meer gesehen hat (sprich: wenn er aus einer dem Meer zugewandten Lage stammt).

Raviolo aperto al ragù di pesce

OFFENER RAVIOLO MIT FISCHRAGOUT

Offener Raviolo oder auch Fazzoletto, also Taschentuch, sagt man zu dieser Art der Anrichtung: wenn der Nudelteig nicht zum Cannolo aufgerollt oder zum Raviolo verschlossen ist, sondern einfach locker auf den Teller drapiert und mit einer Portion Ragout bedeckt wird. Das sieht hübsch aus und ist eine pfiffige Abwechslung, wenn Gäste kommen und man etwas Besonderes servieren will.

ALS VORSPEISE
FÜR 4–6 PERSONEN
ODER ALS MAHLZEIT
FÜR 2–3 PERSONEN

½ Rezeptmenge Nudelteig mit Ei (siehe Seite 12; nach Gusto auch gern mit Spinat, Brennnessel, Basilikum oder Petersilie grün eingefärbt, siehe Seite 15)
1 Zwiebel
2 Knoblauchzehen
3 Stengel Petersilie
2 EL Olivenöl
2–3 Tassen Tomatenwürfel
ca. 300–400 g Fischfilet (es können auch Reste sein, siehe Tipp)
1 Glas Weißwein (200 ml)
evtl. Fischfond (siehe Tipp)
Salz, Pfeffer
einige Basilikumblätter

Außerdem
Nudelmaschine (alternativ Nudelholz verwenden)

ZUBEREITUNG CA. 20 MINUTEN (OHNE NUDELTEIG)

Den **Nudelteig** sehr dünn ausrollen und tellergroße Quadrate ausschneiden. Ruhig etwas antrocknen lassen. • Für den Sugo **Zwiebel, Knoblauchzehen** und **Petersilie** fein hacken und im heißen **Öl** andünsten. **Tomatenwürfel** zufügen, ebenso den gewürfelten **Fisch. Wein** und eventuell **Fischfond** angießen, **salzen, pfeffern,** 1, höchstens 2 Minuten köcheln. Abschmecken. • Inzwischen in einem breiten Topf **Salzwasser** aufkochen. Die Nudelblätter einzeln in das kochende Wasser hineingleiten lassen – wenn alle im Topf sind, immer wieder mit einer Zange bewegen, damit sie nicht zusammenkleben. Nur 1 Minute kochen, herausheben, tropfnass locker auf vorgewärmten Tellern drapieren, sofort jeweils einen guten Klecks Sugo in der Mitte daraufsetzen. In feine Streifen geschnittenes **Basilikum** darüberstreuen und sofort servieren.

TIPP Würziger wird der Sugo, wenn man einen ganzen Fisch verarbeitet und dessen Gräten erst mal auskocht. Zum Beispiel Knurrhahn, Rotbarbe oder Seehecht – die Filets abschneiden, die Gräten mit gehackter Zwiebel und etwas Stangensellerie anrösten, mit Wein und Wasser mehrmals bedecken und immer wieder einkochen. Am Ende muss nicht mehr als 3–4 EL duftender Fischfond übrig bleiben, mit dem man das Fischragout auffüllt.

TOPPING Knusprige sizilianische Brösel (siehe Seite 37).
GETRÄNK Ein würziger Rotwein, warum nicht? Etwa ein Aglianico de Vulture aus der Basilicata.

VEGETARISCH

Kreative Veggie-Kombinationen

So viele Pasta-Saucen sind vegetarisch, alle lieben sie und niemand kommt auf die Idee, es fehle was. Das ist doch schön: Die eingefleischtesten Fleischgegner sitzen mit den Fans von Fisch und Fleisch einträchtig am Tisch und genießen dieselben Gerichte. Veganer nehmen statt Eiernudeln Hartweizenpasta, sie lassen den Käse weg oder streuen stattdessen die herrlich knusprigen Brösel darüber, wie man sie sowieso vielerorts liebt. Pasta kommt völlig problemlos ohne Fleisch zurecht und gern nur mit Gemüse aus. Aber was heißt hier „nur"!?! Die Gemüsevielfalt ist in Italien beneidenswert, viel üppiger und reicher als bei uns. Man braucht nur mal alle Sorten durchzudeklinieren, von A wie Artischocke, Avocado und Aubergine bis Z wie Zichorie oder Zucchini samt ihren bildschönen Blüten – welche Auswahl! Und welche Qualität! Wie gut, dass sich auch bei uns die Freude am Gemüse immer mehr durchsetzt und das Marktangebot zunehmend interessanter und spannender wird. Aber: Oft liegt es an uns, den Verbrauchern, wenn die Gärtner oder Bauern (oder Importeure) zurückhaltend sind. Kürzlich, auf dem aufregenden Markt in Freiburg, der samstags rund um das Münster überwältigend reichhaltig ist und überquillt am Gemüsereichtum der Saison, entdeckten wir Puntarelle. Ein bei uns leider sehr rares, köstliches Gemüse aus der Familie der Zichorie und des Chicorées, auch Cimata oder Catalogna genannt. „Oh, wie schön", jubelten wir, „endlich kriegt man das auch hier!" „Ja", maulte der Gärtner hinter seinem Verkaufstisch, „mir bauet's an, den Vulkanspargel, aber kaufe tut's niemand!" In der nächsten Saison, machte er klar, wird er es wieder sein lassen. Wie schade! Also: Immer zugreifen, wenn endlich mal was Ungewöhnliches in der Auslage zu finden ist, und damit genussvoll rumexperimentieren! Und wer nicht weiß, was man damit anstellen kann: im Internet (oder in einem unserer Kochbücher) recherchieren. Es ist doch zu traurig, wenn der Produzent, der darauf sitzen bleibt, wieder zu dem verlässlichen, altvertrauten Kraut und Rüben zurückkehrt – auch wenn sich natürlich selbst daraus immer was Pfiffiges und Gutes machen lässt. Da wird man (auch frau) gern Vegetarier oder Veganerin …

Fusilli con finferli e fagiolini

NUDELN MIT PFIFFERLINGEN UND GRÜNEN BÖHNCHEN

Kleine Pfifferlinge kann man ganz lassen, größere sollte man klein schneiden. Welche Bohnen man nimmt, sollte man von der Pasta abhängig machen: Für Fusilli sind breite Bohnen gut, die man schräg in Streifen schneidet, für eine kurze Pasta-Sorte wie Penne kann man gut runde, sogenannte Bobby-Bohnen einsetzen und entsprechend zuschneiden. Und für Spaghetti oder Bandnudeln sehr dünne, feine Böhnchen – man kann sie ja längs halbieren, wenn sie nicht schlank genug sind …

FÜR 2 PERSONEN

250 g frische Pfifferlinge
1 Zwiebel
4 EL Butter
1 Knoblauchzehe
3–4 Stengel glattblättrige Petersilie
200 g Fusilli (oder eine andere Pasta)
Salz
200 g grüne Böhnchen
3–4 Zweige Bohnenkraut
Pfeffer

ZUBEREITUNG 25–30 MINUTEN

Die **Pfifferlinge** putzen. Kleine Exemplare ganz lassen, größere halbieren oder vierteln, noch größere in Scheibchen schneiden. ● In einer großen Pfanne bei mittlerer Hitze die sehr fein geschnittene **Zwiebel** in der Hälfte der heißen **Butter** weich dünsten, nicht bräunen. Zerdrückten, gehackten **Knoblauch** sowie die Hälfte der fein gehackten **Petersilie** zufügen und kurz mitdünsten. Erst jetzt die Pilze zugeben. ● Inzwischen die **Nudeln** in **Salzwasser** bissfest kochen. ● Die **Bohnen** spitzen, also Stielansatz und Spitze kappen, zur Pasta passend zuschneiden. Für die letzten 8–10 Minuten zu den Nudeln ins Kochwasser geben (Packungsaufschrift beachten). **Bohnenkraut** von den Stielen zupfen und hacken. Die Stiele ins Kochwasser geben. ● Die Pilze **salzen** und **pfeffern.** Die Pasta mitsamt den Bohnen sowie Bohnenkraut tropfnass zufügen, die Stiele herausfischen und wegwerfen. Restliche **Petersilie** und **Butter** unterschwenken.

TOPPING Frisch geriebener Parmesan oder Grana Padano.

GETRÄNK Ein sommerleichter Silvaner, zum Beispiel von der Nahe oder aus Franken.

Taglierini con avocado, pomodorini freschi, aglio e basilico

FEINE BANDNUDELN MIT AVOCADO, FRISCHEN TOMATEN, KNOBLAUCH UND BASILIKUM

Avocado zur Pasta – das mag ungewöhnlich klingen, aber das passt verblüffend gut. Wenn sie reif ist, schmilzt sie im Kontakt mit den heißen Nudeln zu einer opulenten Creme und die Säure der Tomaten gibt ihr Frische.

FÜR 2 PERSONEN

3 reife Fleischtomaten oder 300 g Cocktailtomaten
2–3 Knoblauchzehen
Salz, Pfeffer
1 EL Balsamico
2 EL Weißweinessig
1 reife Avocado
180–200 g Taglierini (feine Bandnudeln)
einige Basilikumblätter

ZUBEREITUNG 20 MINUTEN

Nudelwasser aufsetzen. Sobald es kocht, die **Tomaten** in einem Sieb hineinhalten und nach 30 Sekunden in eiskaltem Wasser abkühlen. Das Wasser weiterkochen lassen. ● Den Tomaten die Haut abziehen, die Früchte würfeln und mitsamt Kernen und Fruchtwasser in eine Schüssel geben. Den **Knoblauch** durch die Presse zufügen, **salzen,** großzügig **pfeffern,** mit **Balsamico** und **Weißweinessig** würzen. Die **Avocado** schälen, klein würfeln und untermischen. ● Inzwischen das Nudelwasser **salzen** und die **Pasta** darin bissfest garen (dauert bei zarten Eiernudeln gerade mal 3–5 Minuten, bei frischen kaum mehr als 1 Minute), abgießen, nicht abtropfen, heiß mit der Sauce mischen und dabei in feine Streifen geschnittenes **Basilikum** unterrühren.

TOPPING Knuspriges Weißbrot. Kein Käse! Höchstens sizilianische Brösel (siehe Seite 37).

GETRÄNK Ein leichter, frischer Weißwein passt zu der salatartigen Sauce am besten, etwa ein Verdicchio dei Castelli di Jesi (Marken), ein Vernaccia di San Gimignano (Toskana), ein Soave (Venetien) oder ein Terlaner (Südtirol) oder – das mag überraschen – von dort oder vom Kaiserstuhl ein trockener Gewürztraminer, dessen geringe Säure und starkes Aroma einfach umwerfend gut den Geschmack der rohen Tomaten ergänzt.

Fettuccine ai funghi porcini freschi

BANDNUDELN MIT FRISCHEN STEINPILZEN

Natürlich kann man auch mit getrockneten Steinpilzen eine großartige Pasta-Sauce machen (siehe Seite 95) – frische liefern allerdings eine ganz andere Welt! Wenn Pilze Saison haben, man sie im Wald selber findet oder sie zu erschwinglichem Preis auf dem Markt bekommt, dann muss man sich diesen unvergleichlichen Genuss unbedingt mal gönnen. Oder kann natürlich auch ganz nach Findeglück andere Waldpilze dafür einsetzen.

FÜR 2–3 PERSONEN

250 g Fettuccine (schmale Bandnudeln, am liebsten selbst gemachte)
Salz
250 g frische Steinpilze (möglichst kleine Exemplare aussuchen)
2–3 EL Olivenöl
1–2 Knoblauchzehen
½–1 rote Chili (nach Schärfe)
1 Tasse frisches, gewürfeltes Tomatenfleisch (ohne Kerne; siehe Tipp)
glatte Petersilie oder Liebstöckel
Pfeffer
evtl. 1–2 EL Butter

ZUBEREITUNG 15 MINUTEN

Die **Pasta** in **Salzwasser** bissfest kochen. ● Die **Pilze** putzen, in dünne Scheibchen schneiden, dabei dicke Schwämme entfernen. Im heißen **Öl** in einer Pfanne anbraten. **Knoblauch** fein hobeln, mit gehackter **Chili, Tomatenwürfeln** und **Petersilie** zufügen, **salzen** und **pfeffern.** ● Die Hitze etwas reduzieren, alles 2 Minuten dünsten. Dann die frisch gekochten Nudeln tropfnass zufügen, **Butter** dazu und alles gut miteinander mischen.

TIPP Tomatenkerne würden die Pasta-Sauce unnötig verwässern, aber sie sind natürlich kein Abfall. Wir machen aus Tomatenkernen eine Tomagrette (siehe Seite 102). Die kann man als Pasta-Sauce einsetzen, als Salatmarinade oder als dekorative und würzende Kleckse auf einem Teller.

TOPPING Weiß- oder Bauernbrot. Käse nach Gusto.

GETRÄNK Ein weiß gekelterter Spätburgunder, etwa aus der Pfalz. Oder ein herzhafter Grauburgunder vom Kaiserstuhl.

Rigatoni con asparagi verdi

NUDELN MIT GRÜNEM SPARGEL

Grüner Spargel macht nicht viel Mühe: das untere Drittel schälen (wenn man sparsam ist und es mitverwenden und nicht einfach abschneiden will), schräg in Stücke schneiden, waschen, schon kommt er in die Pfanne. Mit frisch gekochter Pasta vermischt – damit sich die Formen ähneln, eine dicke, kurze Sorte wählen – geriebenen Parmesan und ein Stück Butter untermischen und großzügig Pfeffer darübermahlen. Das ist perfekte schnelle Küche! Tipp: Wer schmale Bandnudeln verwendet, hobelt den Spargel passend zu den Nudeln längs in dünne Scheiben.

FÜR 4 PERSONEN

1 Bund grüner Spargel (ca. 500 g)
3 EL Olivenöl
Salz, Pfeffer, Cayennepfeffer, Muskat
knapp 125 ml Hühnerbrühe
400 g Pasta (z. B. Rigatoni oder Penne)
3 gehäufte EL frisch geriebener Parmesan
2–3 EL Butter
reichlich frischer Majoran oder Basilikum
weißer oder roter Kampot-Pfeffer

ZUBEREITUNG 20 MINUTEN

Spargel putzen und in nudelkurze Stücke schneiden, dann im heißen **Öl** anbraten und dabei **würzen.** Nach und nach die **Brühe** angießen und ohne Deckel etwas einkochen. ● Mittlerweile die **Pasta** in **Salzwasser** bissfest kochen, schließlich tropfnass untermischen, dabei gleichzeitig **Parmesan** und **Butter** sowie gehackten **Majoran** oder zerzupftes **Basilikum** einschwenken, **Pfeffer** darübermahlen und untermischen. Sofort auf tiefen Tellern anrichten und servieren.

TOPPING Wer's braucht, kriegt noch mehr geriebenen Parmesan. Außerdem Weißbrot zum Auswischen des Tellers.

GETRÄNK Ganz nach Gusto ein leichter Rotwein, zum Beispiel ein junger Chianti, oder ein herzhafter Weißwein, etwa ein Friulano (früher als Tocai bekannt) aus dem Friaul.

Spaghetti di limone con spinaci

ZITRONENSPAGHETTI MIT SPINAT

Cremig, aber trotzdem superleicht, weil keine Sahne im Spiel ist, zitronenfrisch und durch den Spinat frühlingsgrün. Dafür möglichst dünne Spaghetti beziehungsweise Spaghettini oder Tagliolini verwenden, also sehr fein geschnittene, frische Eiernudeln.

FÜR 2–3 PERSONEN

300 g frischer Blattspinat
Salz
300 g dünne Spaghettini
1 große weiße oder rote Zwiebel
3–4 Knoblauchzehen
2–3 EL Olivenöl
1 Zitrone
Muskat, Chilipulver, Pfeffer
2 Eigelb
125 g Büffel-Mozzarella

VARIANTE Statt der Zitrone eine Orange einsetzen und genauso verarbeiten.

ZUBEREITUNG 20–25 MINUTEN

Den **Spinat** verlesen, waschen, entstielen und abtropfen lassen. ● Das Wasser für die Pasta zum Kochen bringen, **salzen** und die **Pasta** hineingeben. ● Für die Sauce die **Zwiebel** fein würfeln, den **Knoblauch** zerklopfen und grob hacken, beides in einer großen Pfanne in heißem **Olivenöl** andünsten. ● Von der **Zitrone** mit dem Sparschäler die Schale so abschneiden, dass nichts Weißes daran haftet, in haarfeine Zesten (Streifen) schneiden und mitdünsten. Schließlich den Spinat zugeben. Alles bei kleiner Hitze gründlich mischen, mit **Muskat, Chilipulver** und **Pfeffer** sehr kräftig würzen. ● Jetzt das Weiße der Zitrone (Mesokarp) so abschneiden, dass das Fruchtfleisch frei liegt. Mit einem kleinen Messer das Fleisch aus den Kammern schneiden. Mit den heißen, tropfnassen Spaghettini in die Pfanne geben, die mit etwas Nudelkochwasser verklepperten **Eigelbe** und den gewürfelten **Mozzarella** hinzufügen. Sorgfältig mischen! Mit den heißen Nudeln schmilzt der Käse und verbindet sich mit dem Eigelb zu einer cremigen Sauce. Auf vorgewärmte tiefe Teller verteilen und sofort servieren.

TOPPING Frisch geriebener Parmesan, von dem sich die Gäste nach Gusto nehmen. Ansonsten genügt frisches italienisches Weißbrot.

GETRÄNK Ein kräftiger Vermentino aus Ligurien, der Toskana oder Sardinien und schon fühlt man sich wie in den Sommerferien – auch wenn sie noch so weit weg sind …

Penne con zucchine, fiori di zucca, burrata e olive nere

NUDELN MIT ZUCCHINI, ZUCCHINIBLÜTEN, BURRATA UND SCHWARZEN OLIVEN

FÜR 2 PERSONEN

180–200 g Pasta (glatte oder gerippte Penne)
Salz
2–3 kleine Zucchini mit Blüten (nach Größe)
1 kleine Zwiebel
2 Knoblauchzehen
2 EL Olivenöl
Pfeffer
75 g schwarze Oliven
100–150 g Burrata
2 EL frisch geriebener Parmesan
2 EL Butter
glatte Petersilie

Bildschön, die gelben Blütenblätter, auch wenn sie klein geschnitten sind, mit dem Grün der Zucchini, dem Weiß des Käses und den schwarzen Oliven. Ein Sommerteller!

ZUBEREITUNG 15–20 MINUTEN

Die **Pasta** nach Packungsaufschrift in **Salzwasser** al dente kochen. ● Unterdessen die **Zucchini** 1 cm klein würfeln, die Blüten quer in Streifen schneiden. **Zwiebel** und **Knoblauch** fein hacken, in **Olivenöl** weich dünsten, Zucchini samt Blüten mitbraten. **Salzen, pfeffern,** die entsteinten, grob gehackten **Oliven** zufügen. ● Die Pasta tropfnass untermischen, jetzt auch die gewürfelte **Burrata, Parmesan** und **Butter.** Am Ende auch reichlich nicht zu fein gehackte **Petersilie.**

TOPPING Knuspriges Weißbrot.
GETRÄNK Ein kräftiger Weißburgunder, gern aus Deutschland.

Mozzarella-Spätzle alla caprese

Tomaten, Mozzarella und Basilikum – das versteht man unter „caprese", nach Art von Capri – ist ja ein Dauerbrenner unter den Vorspeisensalaten im Sommer. Hier haben wir das Allgäuer Rezept für Kässpätzle einfach auf mediterran umgemodelt: Die fertigen Spätzle werden in eine flache, feuerfeste Form geschichtet, mit kleinen Würfeln Mozzarella, feinen Ringen von Frühlingszwiebeln, Streifen von Tomaten und reichlich Basilikum dazwischen. Und dann alles kurz in den Ofen, bis der Käse schmilzt und die Aromen sich gut verbunden haben. Das Wichtigste ist dabei: Unbedingt Büffel-Mozzarella nehmen, der köstlich schmilzt und schmeckt, während der aus Kuhmilch nur zäh wird und keinerlei Genuss bereitet!

FÜR 4 PERSONEN

1 Rezeptmenge Spätzle (siehe Seite 16)
4 Tomaten
Salz, Pfeffer
4 EL Olivenöl
3 Frühlingszwiebeln
4 Knoblauchzehen
nach Belieben 1 kleine rote Chili
1 Bund Basilikum
200 g Büffel-Mozzarella

ZUBEREITUNG 20 MINUTEN (OHNE SPÄTZLE) PLUS 10–15 MINUTEN BACKZEIT

Den Backofen auf 200 °C Ober-/Unterhitze (180 °C Heißluft) vorheizen. ● Die **Spätzle** nach dem Grundrezept zubereiten. ● Die **Tomaten** dabei kurz ins Spätzlekochwasser tauchen, dann eiskalt abschrecken. Jetzt lassen sie sich kinderleicht häuten. Früchte aufschneiden, alle Kerne herausstreifen und in einem Mixbecher sammeln. **Salzen, pfeffern,** das **Öl,** das Weiße der **Frühlingszwiebeln** in Scheibchen, zerdrückten **Knoblauch,** nach Gusto die entkernte **Chili** zufügen und drei bis vier **Basilikumblätter.** Zu einer cremigen Sauce mixen, die wir Tomagrette getauft haben – man kann sie als Gewürz, Marinade und Salatdressing oder Pasta-Sauce einsetzen. ● Das Tomatenfleisch würfeln. Das restliche **Basilikum** in feine Streifen schneiden. Das Grün der Frühlingszwiebeln schräg in feine Ringe schneiden. Den **Käse** 1 cm klein würfeln. ● In eine flache, feuerfeste Form die Spätzle in mehreren Lagen einschichten, dabei die Käsewürfel, Frühlingszwiebeln, Tomatenwürfel und Basilikumstreifen dazwischen verteilen und überall Tomagrette-Kleckse setzen. ● Die Form in den vorgeheizten Ofen stellen und alles etwa 10–15 Minuten durchwärmen lassen. Eventuell mit Backpapier locker bedecken, damit die Oberfläche nicht austrocknet.

BEILAGE Natürlich gehört ein erfrischender Salat dazu.

GETRÄNK Ein schwungvoller Wein. Der darf ruhig aus Italien stammen und so den Kreis wieder schließen. Zum Beispiel ein Fiano di Avelllino oder einen Greco di Tufo aus Kampanien, der Heimat des Mozzarella-Käses.

NUDELN AUF ASIATISCHE ART

Eine Geschmacksreise durch Asien

Der Streit, wer nun die Nudeln erfunden hat –, die Chinesen oder die Italiener – ist ja gelöst: In einer 4.000 Jahre alten chinesischen Keramikschüssel wurden einen halben Meter lange Nudeln gefunden. Ganz klar, diesen Vorsprung konnten wir in Europa nicht einholen. Sicher ist jedoch: Es war nicht Marco Polo, der die Nudeln von seiner Asienreise nach Italien brachte. Lange vorher, schon im 12. Jahrhundert, berichtete ein spanischer Chronist von einer „fadenähnlichen Speise aus Mehl", die man ihm in Sizilien vorgesetzt hatte. Dorthin hatten sie die Araber gebracht. Indes: Wer die Ersten waren, ist ziemlich nebensächlich, denn überall in der Welt haben im Laufe der Geschichte Nudeln zum kulinarischen Glück geführt. Auch in Asien liebt man sie, nicht nur ihres Wohlgeschmacks und ihrer Vielfalt wegen, sie sind Symbol für langes Leben – je länger die Nudel, desto andauernder das Lebensglück. Deshalb sind Nudeln in Asien ein traditionelles Geburtstagsessen, auf dass das Geburtstagskind ein langes, glückliches Leben vor sich habe. Der Variantenreichtum ist in Asien nicht minder groß als in Italien. Da werden Nudeln wie bei uns aus Weizenmehl gemacht, mit Wasser und Salz, ohne Ei, gern aber auch mit Ei, zum Beispiel mit Enten- und Gänseeiern. In Japan liebt man Nudeln aus Buchweizenmehl – wegen ihres festen Bisses und nussigen Geschmacks. In ganz Asien schätzt man Reismehlnudeln von fadendünn bis bandnudelbreit, die nach dem Einweichen oder Kochen schneeweiß werden, ebenso wie die glatten Glasnudeln aus Stärke, die auch nach dem Einweichen transparent bleiben und die man wegen des neutralen Geschmacks und der glitschigen Struktur genießt. Nudeln isst man in Asien in der Suppe, überhäuft mit unterschiedlichsten Toppings: Kräuter, Gemüse, Pilze, Fisch und Fleisch. Man wirft sie auch gern in die Pfanne beziehungsweise in den Wok. Immer mit reichlich Gemüse, vor allem mit Kräutern und kräftigen Würzen. Nudeln lassen sich ja mit Stäbchen viel bequemer fassen und verspeisen als mit der Gabel, von der sie nur zu leicht runterrutschen. Sogar in Thailand, wo man eigentlich mit Löffel und Gabel isst, sind bei Nudeln Stäbchen ausnahmsweise erlaubt.

Bami Goreng – Pad Thai – Chow mein

FRIED NOODLES

Gebratene Nudeln, wie man sie in Indonesien, Thailand und China liebt. Es sind jeweils sicher die bekanntesten Gerichte der Küche dieser drei Länder. Eine geniale Art der Resteverwertung – und sie verläuft stets nach demselben Prinzip: Gekochte oder eingeweichte Nudeln werden mit klein geschnibbeltem Gemüse und Kräutern der Saison sowie den landesüblichen Würzzutaten in den Wok geschmissen. Superschnelles Streetfood, einfache Familienküche. Die Zutaten sind sich immer ähnlich, dank der jeweils landestypischen Würze unterscheiden sich die Teller jedoch verblüffend. Mit Fleisch oder Fisch nach Gusto, Veganer verzichten natürlich darauf.

FÜR 2 PERSONEN

1 Zwiebel
3 Knoblauchzehen
1-cm-Stück Ingwer
1–2 Chilis
2 EL Erdnussöl
evtl. 100–150 g Fleisch in Scheibchen, Streifen oder Würfeln (Huhn, Schwein, Rind, Lamm oder Wild, auch Fisch in Würfeln, Garnelen)
1 TL Speisestärke
1 TL Sesamöl
2–3 Tassen in Scheibchen, Streifen oder Würfel geschnibbeltes Gemüse: Zucchini, Blumenkohlröschen, Erbsenschoten, Lauch, Möhre
1–2 EL Sambalpaste und 1 TL süße Sojasauce (für Bami Goreng)
½–1 TL Thai-Currypaste und 1 EL Fischsauce (für Pad Thai)
1 EL Austernsauce und 1 EL Sojasauce (für Chow mein)
100 ml Kokossahne, Wasser oder Brühe
Salz, Pfeffer, Zucker
Fischsauce oder Sojasauce zum Würzen
2 Tassen gekochte Nudeln
nach Belieben 1–2 Eier
1 Händchen Koriandergrün

ZUBEREITUNG 20–25 MINUTEN

Pro Person sollte etwa eine gute Tasse voll Nudeln vorhanden sein, vom Gemüse etwa zwei Tassen und Kräuter ruhig verschwenderisch. So steht bald ein köstliches Essen auf dem Tisch: **Zwiebel, Knoblauch, Ingwer** schälen, **Chilis** entkernen. Dann alles fein hacken, im heißen **Öl** rasch unter Rühren braten. • Zuerst das **Fleisch** (mit **Stärke** und **Sesamöl** vermischt), dann das Gemüse nach seiner Garzeit in schneller Folge zufügen, dann die **Würzsauce** oder **Würzpaste** unterrühren. Mit **Kokossahne** oder auch einfach mit Wasser oder **Brühe** ablöschen. **Salzen, pfeffern,** mit **Zucker, Fischsauce** oder **Sojasauce** würzen. Dann die **Nudeln** zufügen und untermischen. • Wer mag, verkleppert jetzt noch pro Person ein **Ei** und gießt es in die Mitte. Nochmals alles bei starker Hitze mischen, bis die Eier stocken. **Koriandergrün** grob hacken, am Ende darüberstreuen und sofort servieren.

GETRÄNK Grüner Tee oder Jasmintee, Eiswasser, ein Glas Weißwein oder auch ein Bier.

Thai-Nudeln mit Broccoli und superscharfen Wok-Garnelen

Dafür nehmen wir die etwas breiteren vietnamesischen oder thailändischen Reisnudeln, die man getrocknet im Asia-Laden kauft – es gibt sie in verschiedenen Breiten, bis zu 1 cm. Diese muss man 3–5 Minuten leise köchelnd ziehen lassen, anders als die haarfeinen Vermicelli-Reisnudeln, die man nur mit kochendem Wasser überbrüht und einweicht. Die zuvor opaken trockenen Nudeln gehen dabei auf und werden schneeweiß. Sie sind absolut neutral im Geschmack, also höchst vielseitig, denn sie saugen jedes Aroma begierig auf, das man ihnen zugesellt, außerdem sind sie vegan und glutenfrei – also perfekt für alle.

FÜR 2–4 PERSONEN (JE NACHDEM, WIE VIELE GERICHTE SERVIERT WERDEN)

300 g Broccoli (der schlanke „wilde“)
250 g ausgelöste, rohe Garnelenschwänze
1 TL Speisestärke
1 TL Sesamöl
3 Kaffirzitronenblätter
200 g Reisnudeln
2 EL neutrales Öl
½–1 TL grüne Thai-Currypaste (nach Schärfeverträglichkeit)
Salz, Pfeffer
½–1 TL Zucker (siehe Tipp)
1–2 EL Fischsauce
2–3 EL Brühe
2–3 Stengel Thai-Basilikum

ZUBEREITUNG 20–25 MINUTEN

Broccoli putzen: die Stiele, wenn nötig, schälen, dann schräg in Scheibchen schneiden, die Röschen zerzupfen. Die **Garnelen** längs halbieren, wenn nötig, entdarmen. Mit **Stärke** und einigen Tropfen **Sesamöl** einreiben. Von den **Kaffirzitronenblättern** die Blattrippe in der Mitte entfernen, die Blätter aufrollen und quer in haarfeine Streifchen schneiden. • Die **Nudeln** in kochendem Wasser 3–5 Minuten leise köcheln. • Inzwischen im Wok restliches **Sesamöl** und neutrales **Öl** erhitzen, die **Currypaste** darin anrösten. Broccoli zufügen und 30 Sekunden unter Rühren braten, dabei **salzen** und **pfeffern. Zucker** auf eine freigeräumte Stelle im Wok streuen und karamellisieren. Jetzt auch die Garnelen hineingeben und 1 Minute unter Rühren braten. Kaffirzitronenblätter zufügen, auch **Fischsauce** und **Brühe** sowie die abgetropften Reisnudeln und abgezupfte **Basilikumblätter.** Alles sorgsam mischen.

TIPP Zucker ist immer nötig, wenn große Schärfe auszugleichen ist. Wer nur wenig Currypaste einsetzt, muss dann auch den Zucker reduzieren – sonst wird das Gericht zu süß.

BEILAGE Es kann als eigenständiges Gericht stehen. In Thailand serviert man jedoch immer mehrere Gerichte zu einer Mahlzeit. Faustregel: mindestens so viele, wie Personen am Tisch sitzen.

GETRÄNK Eiswasser oder Ingwertee. Zu den Garnelen passt natürlich auch ein kräftiger Weißwein, zum Beispiel ein Assyrtiko aus Griechenland.

Khao Soi Gai

CHIANG-MAI-NUDELTOPF MIT KOKOSHUHN

Haben wir so auf dem Nachtmarkt in Chiang Mai immer mit größtem Genuss gegessen. Die cremige Kokosmilch besänftigt die im Original beträchtliche Schärfe der roten Currypaste, die man natürlich nach eigenem Gusto dosieren kann. Statt der getrockneten feinen Eiernudeln aus dem Asia-Laden kann man auch selbst gemachte, frische, feine Eiernudeln (siehe Seite 12) einsetzen – umso besser! Eine Handvoll davon wird roh in heißem Öl schwimmend frittiert und als knuspriges Topping obenauf verteilt. Herrlich! Aber aufpassen, sie werden schnell zu dunkel!

FÜR 2–3 PERSONEN

250 g Hühnerbrust
½ TL Speisestärke
300 g feine Eiernudeln
Öl zum Frittieren
1 EL rote Currypaste
je 1 EL gehackter Galgant und gehackte Korianderwurzel
ca. 2 EL Hühnerbrühe
1 EL Sojasauce
250 ml Kokossahne
1–2 EL Fischsauce
½ TL Zucker
1–2 EL Zitronensaft
Salz
1 Handvoll Thai-Basilikumblätter und Koriandergrün

ZUBEREITUNG 20 MINUTEN

Das **Hühnerfleisch** in feine Scheibchen, Streifen oder Würfel schneiden und mit **Stärke** überpudern. ● Von den **Nudeln** etwa ein Viertel abnehmen und in siedendes **Öl** geben, sie explodieren darin geradezu und räkeln sich zu braunen Knusperfäden. Sofort herausheben und auf Küchenpapier abtropfen. ● Öl aus dem Wok in eine Schüssel abgießen, im jetzt noch verbliebenen Öl die **Currypaste** anrösten, **Galgant** und **Korianderwurzel** zufügen, auch das Hühnerfleisch mitbraten. **Hühnerbrühe** und **Sojasauce** hinzufügen, 1 Minute köcheln. Erst jetzt nach und nach die **Kokossahne** angießen, immer nur so viel, wie die Sauce aufzunehmen imstande ist, sie soll am Ende dick und cremig sein. Mit **Fischsauce, Zucker, Zitronensaft** und **Salz** abschmecken. In Streifen geschnittenes **Thai-Basilikum** unterrühren. ● Inzwischen die restlichen **Eiernudeln** mit kochendem Wasser überbrühen und 5 Minuten einweichen beziehungsweise kurz bissfest kochen (Packungsaufschrift). ● In Suppenschalen anrichten, die Kokoscreme mit Hühnerfleisch darüber verteilen, darauf die Knuspernudeln häufen und alles mit **Koriandergrün** schmücken. ● So wird gegessen: Die Nudeln isst man mit Stäbchen und saugt sie ruhig geräuschvoll ein. Man kann sie natürlich wohlerzogenerweise auch als kleine Happen auf den Suppenlöffel in der linken Hand sammeln und so etwas eleganter verspeisen, die Kokossauce trinkt man zum Schluss aus der Schale.

TOPPING In Segmente geschnittene Limetten zum Nachwürzen.

GETRÄNK Auf dem Nachtmarkt gibt's dazu natürlich Eiswasser oder ein Bier, ideal ist auch Ingwer- oder Minzetee.

Würzige Glasnudeln im Salatblatt

Eine frische Vorspeise oder ein kleiner Imbiss; lässt sich prima vorbereiten, denn man serviert die Nudeln höchstens lauwarm. Sie werden nämlich mit der Hand gegessen: Man füllt dafür jeweils 1–2 EL davon in die länglichen Blätter von Romanasalatherzen. Auch Blätter vom Chicorée oder von anderen festen Salaten sind geeignet. Immer ein hübscher Happen zum Aperitif: Man stellt die Nudelmischung in einer Schüssel auf den Tisch oder Tresen, dazu eine Platte mit reichlich Salatblättern. So kann sich jeder selbst bedienen: einen Löffel davon in ein Salatblatt wickeln und in den Mund stecken. Herrlich!

ALS IMBISS ODER VORSPEISE FÜR 6 PERSONEN

3 getrocknete Tongu-/Shiitakepilze
120 g Glasnudeln
300 g Schweinehackfleisch
1 TL Speisestärke
1 EL Sherry oder Reiswein
1 TL Sesamöl
1 gehäufter TL fein gehackter Knoblauch
1 gehäufter TL fein gehackter Ingwer
2 EL Erdnussöl
2 Chilis, entkernt und fein gehackt
2 Frühlingszwiebeln, mit Grün in dünne Scheiben geschnitten
1 Zitronengraskolben in haarfeinen Scheibchen
je 50 g Möhre, Lauch, Selleriestange und Zucchini, jeweils akkurat und 3 mm stark gewürfelt
½ TL Zucker
Salz, Pfeffer
2 EL Fischsauce
2 EL Austernsauce
2 gute Handvoll Koriandergrün

ZUBEREITUNG 30 MINUTEN

Pilze und **Glasnudeln** jeweils in einer Schüssel mit kochendem Wasser großzügig bedecken und einweichen. Abgießen, Pilze in feine Streifen schneiden und dabei den Stiel entfernen. Die Glasnudeln mit einer Schere ein paar Mal durchschneiden. Alles in einem Sieb gut abtropfen. • Das **Fleisch** mit **Stärke, Sherry** (oder **Reiswein**) und **Sesamöl** mischen. **Knoblauch** und **Ingwer** im Wok in heißem **Erdnussöl** anbraten, das Fleisch zufügen und 1 Minute braten, dabei mit der Bratschaufel zerdrücken und rühren, bis es krümelig wird. **Chilis, Frühlingszwiebeln** und die anderen **Gemüse** nacheinander zufügen, auch die Pilze. Bei starker Hitze 1–2 Minuten braten und dabei ständig mit der Bratschaufel rühren. Mit **Zucker, Salz, Pfeffer, Fischsauce** und **Austernsauce** würzen. Schließlich die Glasnudeln untermischen und nochmals abschmecken. Abkühlen lassen. Zum Servieren frisches grob gehacktes **Koriandergrün** darüberstreuen.

SERVIEREN Auf einer großen Platte einen Berg ganz unterschiedlicher Salatblätter zum Einwickeln dazustellen, zum Beispiel von zwei bis drei kleinen Romanasalatherzen oder eine bunte Mischung von Kopfsalat, Salatherzen, Radicchio, Chicorée.

GETRÄNK Der Begrüßungschampagner, ein Winzersekt oder auch ein Apfelwein – in jedem Fall passt was Prickelndes.

Szechuan-Nudeln mit zweierlei vom Huhn

FÜR 2 PERSONEN

Würzeier

4 Eier

2 gehäufte TL Oolong- oder Assamtee

125 ml Sojasauce

je 1 TL Salz und Zucker

2 Sternanise

Knusperchiliöl

10 g getrocknete Chilis

1 EL Szechuanpfeffer

75 g geröstete, gesalzene Erdnüsse

1-cm-Stück Ingwer

3–4 Knoblauchzehen

1 EL Sesamsamen

1 TL Zucker

½ Zimtstange

½ Sternanis

1 EL Sesamöl

150 ml Erdnussöl

Nudelgericht

2 EL chinesische Morcheln (Mu-Err-Pilze)

250 g chinesische Weizennudeln

1 EL Sesamöl

200 g Hähnchenbrustfleisch

1 TL Speisestärke

1 Möhre

1 Frühlingszwiebel

1 Stange Bleichsellerie

100 g Sojabohnensprossen

2 EL Erdnussöl

Salz, Pfeffer, Zucker

1 getrocknete Chili

1 EL fein gehackter Ingwer

1 EL fein gehackter Knoblauch

1 EL Austernsauce

1 EL Sojasauce

ca. 2–3 EL Reiswein oder Sherry

1 Handvoll Koriandergrün

ZUBEREITUNG 40 MINUTEN PLUS 35–40 MINUTEN KOCHZEIT UND 1–2 TAGE MARINIERZEIT (WÜRZEIER)

Schon 1–2 Tage vorher die **Würzeier** herstellen: wie fürs Frühstücksei an der dicken Seite einstechen. Die restlichen **Zutaten** mit 500 ml Wasser in einer kleinen Kasserolle (die Eier sollten gerade nebeneinander hineinpassen) aufkochen. Die Eier 6 Minuten kochen, herausheben und kurz abschrecken. Den Sud abgedeckt etwa 20 Minuten leise zu einem konzentrierten Fond köcheln und abkühlen lassen. Die Eier rundum behutsam anknacksen, die Schale soll dabei möglichst gleichmäßig brechen, so kann die Marinade eindringen und hinterlässt nicht nur Geschmack, sondern auch ein hübsches Craquelé. Im abgekühlten, durchgefilterten Sud mindestens 1, lieber 2, aber gern auch mehr Tage marinieren. ● Auch das Chiliöl schon vorher ansetzen: **Chilis** zerbröseln, dabei den Stiel und alle Kerne entfernen. Mit **Szechuanpfeffer, Erdnüssen,** gehacktem **Ingwer** und **Knoblauch** in einer Kasserolle ohne Fett rösten, bis alles duftet. **Sesamsamen** zufügen, **Zucker** darüber verteilen und ein wenig karamellisieren. **Zimt** und **Sternanis** zufügen, beide **Öle** angießen und leise etwa 10–15 Minuten sieden lassen, dabei immer wieder rühren. Am Ende Zimt und Sternanis herausfischen, alles Übrige mit dem Mixstab nur ganz kurz mixen, bis die Erdnüsse zerbrochen sind. Abgekühlt in ein Schraubglas füllen. Teelöffelweise als Gewürz einsetzen. ● Für das Nudelgericht die getrockneten **Pilze** mit kochendem Wasser bedecken, 15 Minuten einweichen und grob hacken. ● Inzwischen die **Nudeln** nach Packungsaufschrift einweichen oder bissfest kochen, abgießen und in einer Schüssel mit einigen Tropfen **Sesamöl** durchmischen. ● Das **Hähnchenfleisch** in feine Streifen schneiden, mit **Stärke** und einigen Tropfen **Sesamöl** mischen. **Möhre** schälen, in streichholzfeine und -kurze Streifen hobeln. **Frühlingszwiebel** und **Selleriestange** quer in feine Scheibchen schneiden. **Bohnensprossen** waschen. ● Im Wok das **Erdnussöl** erhitzen, mit restlichem **Sesamöl** würzen, zuerst das Hühnerfleisch unter Rühren anbraten, dabei **salzen und pfeffern,** eine **Zuckerprise** und die zerkrümelte, entkernte **Chili** zufügen. Nacheinander Ingwer, Knoblauch, Möhre, Frühlingszwiebel, Sellerie und Pilze dazugeben und dabei ständig rühren. Am Schluss **Austernsauce, Sojasauce** und **Reiswein** (oder **Sherry**) angießen und die Nudeln untermischen. ● In zwei Reisschalen verteilen, zerzupftes **Koriandergrün** darüberstreuen. Je ein oder zwei Würzeier halbiert oder geviertelt obenauf betten. Abschlueßend mit Knusperchiliöl nach Gusto beträufeln.

Dünne Weizennudeln (chinesische aus dem Asia-Laden oder selbst gemachte Eiernudeln) werden mit Sesamsauce und Chiliöl gewürzt und mit pfannengerührtem Hühnerfleisch und Gemüse gemischt. Eingelegte Würzeier – sozusagen das „Zweite" vom Huhn – mit cremigem Eigelb kommen obenauf. Diese muss man unbedingt schon vorher herstellen, denn sie sollten 2–3 Tage in ihrem Sud marinieren. Man kann sie auch gut noch ein paar Tage länger in ihrem Sud aufbewahren.

TIPP Falls für die Würzeier kein passender Topf vorhanden ist: in einen Gefrierbeutel packen und alle Luft rausdrücken, damit die Eier vollkommen im Sud liegen.

GETRÄNK Grüner, Oolong- oder Assamtee.

Chinanudeln mit Hummer und schwarzen Bohnen

Früher haben wir in den Rezepten geschrieben: Der Hummer sollte leben, wenn man ihn kauft, dann ist er frisch. Aber heute kann man Hummer in Topqualität auch tiefgekühlt im Internet bestellen. Das Wichtigste in jedem Fall: Er muss roh sein und noch in seinem schwarzen Panzer stecken. Sonst ist er für unser chinesisches Rezept ungeeignet. Der Panzer gibt dem Gericht seinen charakteristischen Geschmack, wenn er zu Beginn kräftig angebraten wird. Das bedeutet aber auch, dass man beim Essen die Hummerstücke in die Hand nehmen muss und am besten auslutscht. Ein urwüchsiges Vergnügen!

FÜR 2–4 PERSONEN (JE NACHDEM, WIE VIELE GERICHTE SERVIERT WERDEN)

1 mittelgroßer Hummer (ca. 500–800 g)
250 g chinesische oder hiesige feine Weizennudeln
2 Frühlingszwiebeln
3-cm-Stück Ingwer
2–3 Knoblauchzehen
2 getrocknete Chilis
2 EL schwarze, fermentierte Sojabohnen oder 1 gehäufter EL Schwarze-Bohnen-Paste (Asia-Laden)
3 EL Erdnussöl
1 EL Sesamöl
2 EL Sojasauce
2 EL Sherry oder Reiswein
4 EL Hühnerbrühe oder Wasser
etwas Koriandergrün
etwas chinesischer Schnittlauch
2–3 EL Zitronensaft
Salz, Pfeffer
1 TL Zucker

ZUBEREITUNG 20 MINUTEN PLUS 12 STUNDEN AUFTAUZEIT (IM KÜHLSCHRANK!)

Den **Hummer** im Kühlschrank etwa 12 Stunden auftauen lassen. Mit einem Küchenbeil längs halbieren, Schwanz und Scheren quer in zwei bis drei Portionsstücke hacken. Den Körper längs halbieren und dann zwei- bis dreimal quer durchschneiden. ● **Nudeln** bissfest kochen oder nach Packungsaufschrift einweichen. ● Das Weiße der **Frühlingszwiebeln** in schmale Ringe schneiden, das Grün etwas breiter. **Ingwer** und **Knoblauch** fein würfeln. **Chilis** entkernen, grob zerbröseln. **Bohnen** mit 2–3 EL heißem Wasser bedecken und einweichen. ● Beide **Öle** im Wok sehr heiß werden lassen, die Hummerstücke darin unter ständigem Wirbeln 1 Minute kräftig braten. Zuerst die Körperstücke in den Wok geben und danach Scheren und Schwanz, auch Frühlingszwiebeln, Ingwer, Knoblauch und Chilis zufügen. ● Schließlich die Bohnen samt Einweichwasser (oder **Bohnenpaste)** dazugeben und außerdem **Sojasauce, Sherry** und **Hühnerbrühe** angießen. Bei starker Hitze alles gut mischen und zum Schluss **Koriandergrün** sowie den in schräge Streifen geschnittenen **chinesischen Schnittlauch** einrühren. Die abgegossenen Nudeln zufügen und alles nochmals bei starker Hitze mischen. Mit **Zitronensaft, Salz, Pfeffer** und **Zucker** abschmecken.

GETRÄNK Hier passt auf alle Fälle ein großer Weißwein, etwa ein Grau- oder Weißburgunder, vielleicht aus Franken oder von der Nahe. Oder ein Vermentino oder Pigato aus Ligurien.

Drei Saucen für japanische Nudeln

Eierflocken-Dashi-Sauce

Erdnuss-Thunfisch-Sauce

Onsen-Ei-Sesam-Sauce

Man nennt die wachsweichen Eier nach den heißen Onsenbädern in Japan, die etwa 62–68 °C haben. Diese Temperatur braucht ein Ei, um nach 1 Stunde seine typische Konsistenz zu erzielen. Mit unserem Trick geht's schneller.

JEDE SAUCE FÜR 4 PERSONEN

400 g Udon, Somen oder Soba (gekauft oder selbst gemacht, siehe Seite 20)

Eierflocken-Dashi-Sauce

1 Stück Kombu (10 × 10 cm)
20 g Bonitoflocken
4 Eier
2 EL Sojasauce
2 EL Mirin
2 EL Sake
1 Bund Schnittlauch (besonders schön: chinesischer Schnittlauch)
Chilipulver

Erdnuss-Thunfisch-Sauce

80 g geröstete, gesalzene Erdnüsse
1 EL helles Miso
1 kleine feste Salatgurke
2 Frühlingszwiebeln
1 kleine Dose Thunfisch in Olivenöl (ca. 100 g)
2–3 EL Zitronensaft
2 EL selbst gemachte Mayonnaise (siehe Seite 168)
1 Prise Chilipulver oder Chiliflocken
3 Shisoblätter

Onsen-Ei-Sesam-Sauce

4 Eier
1 gehäufter EL Bonitoflocken
3 EL Sojasauce
1 EL japanische Sesampaste oder Tahini
2 EL Mirin (süßer Kochwein)
2 EL Sake
2–3 EL Reisessig
je 1 EL geriebener Ingwer und Knoblauch
100 ml Dashi (siehe Eierflocken-Dashi-Sauce) oder Hühnerbrühe
2 Handvoll junge gewaschene Spinatblätter oder Salatherzen
1 Stange Bleichsellerie mit Grün
1 Händchen Korianderblätter

ZUBEREITUNG JEWEILS 10–15 MINUTEN (SAUCEN, OHNE NUDELN) PLUS CA. 2 STUNDEN EINWEICHZEIT (DASHI) UND 10–15 MINUTEN BACKZEIT (ONSEN-EIER)

Gekaufte **Nudeln** nach Packungsaufschrift, selbst gemachte Nudeln 10 Minuten bissfest kochen und in lauwarmem Wasser abspülen. In Schalen geben und mit der **Sauce** nach Wahl bedecken. An Kräutern und Toppings nicht sparen!

Eierflocken-Dashi-Sauce Für die japanische Brühe (Dashi) das Stück **Kombu** im Topf mit 1 Liter Wasser bedecken und 1 Stunde einweichen. Langsam fast zum Kochen bringen, neben der Herdplatte 1 weitere Stunde ziehen lassen, dann herausnehmen. Den Sud aufkochen, **Bonitoflocken** einrühren, 2 Minuten heftig kochen. Abkühlen lassen, durch ein Sieb filtern. Die Eier mit **Sojasauce, Mirin** und **Sake** verquirlen, in Röllchen geschnittenen **Schnittlauch** einrühren. In die gerade eben leise kochende Dashi rühren, 2 Minuten köcheln, bis die Eierfäden gestockt sind. Mit der Schaumkelle herausschöpfen und auf die Nudeln in den Suppenschalen verteilen. Die Brühe angießen und mit **Chili** würzen.

Erdnuss-Thunfisch-Sauce **Erdnüsse** grob zerdrücken, in einer Pfanne anrösten, **Misopaste** untermischen, abkühlen. **Gurke** ungeschält längs vierteln, Kerne entfernen, quer in 2 mm dünne Scheibchen schneiden. **Frühlingszwiebeln** ebenso fein schneiden. Erdnüsse, Gurke, Frühlingszwiebeln und **Thunfisch** mit lauwarmen **Nudeln** mischen, dann mit **Zitronensaft, Mayonnaise** und **Chilipulver** anmachen. Fein geschnittene **Shisoblätter** darüberstreuen.

Onsen-Ei-Sesam-Sauce Den Backofen auf 130 °C Heißluft (150 °C Ober-/Unterhitze) vorheizen. **Eier** aufschlagen und in einen kleinen Topf geben, der sie gerade nebeneinander aufnimmt. Mit kochendem Wasser bedecken. Den Topf abdecken und 10–15 Minuten in den vorgeheizten Ofen stellen. Dann ist das Eigelb fast noch flüssig, das Eiweiß schon fest. Inzwischen **Bonitoflocken, Sojasauce, Sesampaste, Mirin, Sake, Reisessig, Ingwer, Knoblauch** und **Dashi** in einem Topf aufkochen, **Spinat** darin zusammenfallen lassen. In Scheibchen geschnittenen **Bleichsellerie** zufügen. Über die gekochten Nudeln in den Schalen verteilen. Je ein Onsen-Ei daraufsetzen, mit Koriander bestreuen.

GETRÄNK Kalter oder heißer Sake. Grüner oder halbfermentierter Tee.

GEFÜLLTE NUDELN UND TEIGTASCHEN

Herzhaft gefüllte Nudelvariationen

Verrückt: Die Hülle aus Nudelteig kann überall nach demselben Rezept entstanden sein, die Zutaten für die Füllung sind nahezu gleich, sogar die Formen sind ähnlich. Aber das Ergebnis, nämlich die fertig gefüllten Teigtaschen, unterscheidet sich in Duft und Geschmack total – nur weil andere Würzen im Spiel sind. Ein Hoch auf die Vielseitigkeit des Konzepts! Ob die eher handfesten Maultaschen der schwäbischen Hausfrau oder die kunstvoll gekrendelten Nudeln aus den Händen einer geschickten Kärntnerin, die herzhaften Gyoza in Japan oder chinesischen Jaotsi mit ihrem filigranen Hut, den man ihnen beim Braten in der Pfanne aufsetzen kann, die Variationsbreite der unterschiedlichen Ravioli, Ravioloni, Tortelli, Tortelloni, Panzerotti, Casunzei oder wie sie alle heißen, die Teigtäschchen Italiens, oder auch die würzigen Pelmeni, Khinkali, Piroggen des östlichen Europas – Teigtaschen sind groß und klein, zart und herzhaft, rund, dreieckig oder halbmondförmig, sie sind unfassbar vielfältig, vielgestaltig, multiplex! Und machen jedes Mal große Freude. Davor liegt zwar immer ein wenig Mühe, sie verlangen Zeit. Aber wenn man sich schon an die Arbeit macht, lohnt es sich, gleich eine doppelte oder noch größere Portion herzustellen. Sie lassen sich wunderbar einfrieren. Am besten roh: Man setzt sie nebeneinander auf ein mit Klarsichtfolie ausgelegtes Tablett, davon kann man sie nämlich leicht ablösen, wenn sie gefroren sind, und in stoßsichere Boxen packen. Wichtig: Vor dem Servieren unbedingt gefroren ins Kochwasser geben – wenn man sie dafür auftaut, werden sie matschig. Aber so sind sie nach dem Kochen wie frisch gemacht und werden Ihre Gäste ins Staunen bringen.

Ravioli di zucca

KÜRBISRAVIOLI

Eine Spezialität aus der Emilia-Romagna, ein unwiderstehlicher Genuss. Man braucht dafür einen möglichst festfleischigen Kürbis, ein Stück vom Muskatkürbis etwa oder vom Hokkaidokürbis, den man nicht schälen muss und dessen leuchtend orangefarbenes Fleisch so hübsch durch den dünnen Teigmantel schimmert.

FÜR 3–4 PERSONEN

Füllung

750 g Kürbisfleisch (geputzt gewogen)
1 Eigelb
2–3 Amaretti (kleine Mandelkekse)
Salz, Pfeffer, Chilipulver, Muskat, getrockneter Majoran

Teig und Salbei-Kürbiskern-Butter

½ Rezeptmenge Nudelteig mit Ei (siehe Seite 12)
Weizenmehl (Type 405) zum Bemehlen
½ Eiweiß
12 Salbeiblätter
ca. 75 g Kürbiskerne
75 g Butter
Salz

Außerdem

Nudelmaschine (alternativ Nudelholz verwenden)

TIPP Sollten die Teigtaschen doch an der Folie haften, bis man sie in den Topf befördern will, einfach mitsamt der Folie ins Kochwasser tauchen, dort lösen sie sich problemlos.

ZUBEREITUNG 35–40 MINUTEN (OHNE NUDELTEIG) PLUS 12–13 MINUTEN KOCHZEIT ODER CA. 30 MINUTEN BACKZEIT

Zuerst die Füllung vorbereiten: **Kürbisfleisch** in einem verschlossenen Topf in der Mikrowelle 12–13 Minuten garen oder in Alufolie gewickelt im vorgeheizten Backofen bei 180 °C Heißluft (200 °C Ober-/Unterhitze) gut 30 Minuten backen, bis das Fruchtfleisch zerfällt. So erzielt man ein viel trockeneres Püree, als wenn man den Kürbis in Wasser kocht. Das Kürbisfleischpüree mit **Eigelb,** den fein zerkrümelten **Mandelkeksen** und den **Gewürzen** gut mischen. Dann gut abschmecken. ● Für die Hülle den **Nudelteig** von Hand auf der **bemehlten** Arbeitsfläche oder mithilfe der Nudelmaschine zu hauchdünnen Bändern ausrollen. Etwas antrocknen, dann mit **Eiweiß** einpinseln. In regelmäßigen Abständen unterhalb einer gedachten Mittellinie teelöffelweise Häufchen von Füllung setzen. Die freie Teigfläche darüberklappen und rund um die Füllung gut festdrücken. Mit einem Teigrädchen Taschen ausradeln oder mit einem runden Ausstecher oder Glas Ravioli ausstechen. ● Die Teigtaschen auf einer mit **Mehl** bestäubten Frischhaltefolie ruhen lassen, bis sie serviert werden sollen. Wichtig, dass sie gut bemehlt sind, damit sie nicht festkleben. ● Für die Salbei-Kürbiskern-Butter die **Salbeiblätter** in Streifen schneiden, die **Kürbiskerne** grob hacken und beides in der **Butter** sanft rösten. ● Die Ravioli in leise kochendem **Salzwasser** 2–3 Minuten ziehen lassen, bis sie oben schwimmen. Zwischendurch eine Schöpfkelle Ravioli-Kochwasser zur Butter geben und rasch cremig einkochen. ● Die Ravioli tropfnass auf tiefen Tellern anrichten, mit der Salbei-Kürbiskern-Butter beträufeln und geröstete Salbeiblätter darüber verteilen.

GETRÄNK Ein leichter Soave aus dem Veneto.

Ravioli di patate e borragine

RAVIOLI MIT KARTOFFELN UND BORRETSCH

Auch diese Teigtaschenvariante stammt aus dem nördlichen Italien, man liebt sie vor allem in Ligurien, wo man Kartoffeln schätzt und der Borretsch am Wiesenrand gedeiht. Auch hier ist Ricotta im Spiel, weil jedoch auch ein grünes Kraut im Einsatz ist, darf man ihn in diesem Fall nicht mit unserem Quark oder Schichtkäse ersetzen. Deren Säure färbt das Kräutergrün grau – das sieht nicht schön aus. „Al magro" sagt man zu dieser Füllung, weil kein Fleisch darin Verwendung findet – man kann allerdings ruhig auch ein paar Würfelchen Schinken untermischen …

FÜR 6 PERSONEN

Kartoffel-Borretsch-Füllung

250 g Ricotta
250 g Kartoffeln
1 kleine Zwiebel
2 Knoblauchzehen
2 EL Olivenöl
Salz, Pfeffer, Muskat
ca. 200 g Borretschblätter
1 TL abgeriebene Zitronenschale
1 Prise Chilipulver

Teig und Salbeibutter

1 Rezeptmenge Nudelteig mit Ei (siehe Seite 12)
1 Eiweiß
12 Salbeiblätter
75 g Butter
Salz

Außerdem

Nudelmaschine (alternativ Nudelholz verwenden)

TOPPING Frisch geriebener Grana Padano oder Parmesan.

GETRÄNK Als Weißwein ein Pigato aus Ligurien oder ein Lugana vom Gardasee. Als roter ein Valpolicella.

ZUBEREITUNG 35 MINUTEN (OHNE NUDELTEIG) PLUS MIND. 6 STUNDEN ABTROPFZEIT (RICOTTA) UND 15 MINUTEN KOCHZEIT

Für die Füllung **Ricotta** in einem mit Küchenpapier ausgelegten Sieb mindestens 6 Stunden oder über Nacht abtropfen lassen. • Den **Teig** zubereiten und ruhen lassen. Ausrollen und Teigbänder vorbereiten. • **Kartoffeln** schälen und würfeln, ebenso **Zwiebel** und **Knoblauch** fein würfeln und im heißen **Öl** auf milder Hitze andünsten, dabei **salzen,** mit wenig Wasser benetzen, abgedeckt 15 Minuten weich dünsten. Mit **Salz, Pfeffer** und **Muskat** würzen, in eine Schüssel geben und etwas abkühlen lassen. • **Borretschblätter** vom dicken Stiel befreien, mit kochendem Wasser überbrühen und in eiskaltem Wasser abkühlen. Das stabilisiert die schöne grüne Farbe. Schließlich sehr fein hacken, mit Ricotta unter die Kartoffeln mischen, alles mit einer Gabel gut zerdrücken, einige Stückchen dürfen noch spürbar bleiben. Die Füllung mit **Salz, Zitronenschale** und **Chili** abschmecken. • Die Teigbänder mit **Eiweiß** einpinseln, unterhalb einer gedachten Mittellinie mit einem Teelöffel kleine Häufchen von Füllung setzen. Die leere Teighälfte darüberklappen, rund um die Füllung gut festdrücken, dabei sollte alle eingeschlossene Luft entfernt werden. Das ist wichtig, weil sonst Wasser eindringen kann. Mit einem Teigrädchen oder einem Messer Ravioli ausschneiden. • Für die Salbeibutter die **Salbeiblätter** in Streifen schneiden, in der **Butter** kurz rösten. Unmittelbar vor dem Servieren nochmals erhitzen, die Blätter mit einer Schaumkelle herausfischen und beiseitestellen. • Die Ravioli in reichlich gut **gesalzenem,** köchelndem Wasser gar ziehen lassen, bis sie oben schwimmen. Zwischendurch eine Schöpfkelle Ravioli-Kochwasser zur Butter geben und rasch cremig einkochen. • Die Ravioli mit einer Schaumkelle herausheben und auf vorgewärmten tiefen Tellern anrichten, mit dem Buttersud beträufeln und die gerösteten Salbeiblätter darüber verteilen.

Casunziei

ROTE-BETE-RAVIOLI MIT MOHNBUTTER

Diese köstlichen halbmondförmigen Teigtaschen kommen aus Venetien, genauer aus dem Ampezzatal in den Dolomiten. Die Füllung aus Roter Bete schimmert dekorativ durch den durchscheinend dünnen Teig. In Mohnbutter geschwenkt und mit Petersilie geschmückt sehen sie einfach bildschön aus.

FÜR 6 PERSONEN

1 Rezeptmenge Nudelteig mit Ei (siehe Seite 12)
Salz
70 g Butter
3–4 gehäufte EL geriebener Mohn (ca. 70 g)
etwas glatte Petersilie
3–4 EL frisch geriebener Grana Padano

Füllung

2 Rote Beten (insgesamt 300 g)
2 EL Butter
Salz, Pfeffer
2–3 Pimentbeeren
100 g gut abgetropfter Ricotta (ersatzweise Schichtkäse)
1 Ei
1 Eigelb
ca. 100 g Semmelbrösel

Außerdem

Nudelmaschine (alternativ Nudelholz verwenden)

ZUBEREITUNG 25 MINUTEN (OHNE NUDELTEIG) PLUS 20 MINUTEN KOCHZEIT

Den **Nudelteig** nach dem Grundrezept herstellen und sehr dünn ausrollen. Die Teigbänder aufhängen und 10 Minuten antrocknen lassen. • Für die Füllung **Rote Beten** schälen, würfeln und in der heißen **Butter** bei milder Hitze abgedeckt sanft etwa 20 Minuten im eigenen Saft weich dünsten, gleich zu Beginn **salzen, pfeffern** und mit zerdrücktem **Piment** würzen. Am Ende den Deckel entfernen, damit Dampf entweichen und Flüssigkeit verkochen kann. Abkühlen lassen, gut abtropfen und mit **Ricotta** glatt mixen. **Ei, Eigelb** und so viel **Semmelbrösel** mit einer Gabel einarbeiten, bis die Creme streichfähig ist. Mit **Salz** und **Pfeffer** abschmecken. • Klassisch sind Casunziei halbmondförmig und werden mit einem Glas oder einem runden Ausstecher ausgestochen (siehe Seite 131). Aber man kann auch einfach eckige Ravioli beziehungsweise Maultaschen formen (siehe Seite 128). • Erst unmittelbar vor dem Servieren in köchelndem **Salzwasser** wenige Minuten gar ziehen lassen – sobald die Teigtaschen oben schwimmen, sind sie gar. Mit der Schaumkelle herausheben und sofort in die danebenstehende Pfanne geben, in der bereits die **Butter** geschmolzen ist, den **Mohn** darüber verteilen, behutsam schwenken, bis alle Täschchen von Mohnbutter überzogen sind. Am Ende nicht zu fein gehackte **Petersilie** und einen kleinen Teil vom **Käse** unterschwenken. In tiefen Tellern anrichten und restlichen frisch geriebenen **Grana Padano** darüberstreuen.

TOPPING Geriebener Käse, wer mag, reicht dazu noch Nussbutter: frische Butter so lange auf mittlerer Hitze köcheln, bis sie braun ist und nach Haselnüssen duftet. Dann vorsichtig abgießen, damit die Molkebestandteile im Topf bleiben.

TIPP Ravioli oder Maultaschen lassen sich fertig gekocht einfrieren. Aber besser noch roh, dann sind sie nach dem Auftauen wie frisch: zunächst nebeneinander auf Frischhaltefolie anfrieren, dann in Plastikdosen oder -beuteln luftdicht verpacken. Die Teigtaschen jedoch auf keinen Fall vor dem Zubereiten auftauen, sondern gefroren ins leise wallende Salzwasser gleiten lassen, sonst wird der Teig schmierig.

GETRÄNK Ein kräftiger Weißwein aus dem Friaul, etwa ein Pinot grigio.

Klassische Maultaschen

Herrgottsb'scheißerle heißen sie in Schwaben, weil die mit Spinat und angeblich fleischlos gefüllten Teigtaschen ja die rechte Freitagsspeise waren. Der Herrgott hat allerdings nicht sehen können, dass unter dem Teig zwischen dem Spinat auch Fleisch verborgen war … Maultaschen isst man aus der Brühe im Suppenteller, dazu gehört eine Schüssel Kartoffelsalat. Davon legt man sich immer eine kleine Portion auf den Maultaschenbissen im Löffel und genießt beides miteinander. Übrige Maultaschen – deshalb muss man stets unbedingt eine große Menge davon anfertigen! – werden am nächsten Tag in fingerbreite Streifen geschnitten und in Butter gebraten – geschmälzt, wie der Schwabe sagt. Dazu gehört dann neben dem Kartoffelsalat, der ja täglich auf den Tisch kommt, auch grüner, etwa Feldsalat.

FÜR 6–8 PERSONEN

2–3 altbackene Brötchen (ca. 200 g; auch Brezeln oder Graubrot)
ca. 150 ml Milch
500 g Blattspinat
Salz
1 Zwiebel
2 EL Butter oder Olivenöl
1–2 Knoblauchzehen
Pfeffer, Muskat oder Muskatblüte
1 Prise Chilipulver
etwas abgeriebene Zitronenschale
500 g Hackfleisch (nach Gusto Rind oder gemischt mit Schwein)
2 Eier
1 Rezeptmenge Nudelteig mit Ei (siehe Seite 12) oder 1 Rolle fertiger frischer Nudelteig (ca. 500 g)

Außerdem

Nudelmaschine (alternativ Nudelholz verwenden)

ZUBEREITUNG 35–40 MINUTEN (OHNE NUDELTEIG) PLUS CA. 10 MINUTEN KOCHZEIT UND ABKÜHLZEIT

Für die Füllung **Brötchen** 1 cm klein würfeln, in einer Schüssel mit heißer **Milch** benetzen und einweichen. **Spinat** putzen, entstielen und waschen. Schließlich in sprudelnd kochendes **Salzwasser** werfen, 1 Minute abgedeckt darin kochen, abgießen und eiskalt abschrecken – dadurch werden die Vitamine stabilisiert und die schöne grüne Farbe bleibt erhalten. Mit einem großen Messer sehr fein hacken. • Die **Zwiebel** fein würfeln, in heißer **Butter** andünsten, den **Knoblauch** fein gehackt zufügen. Spinat damit mischen, 3–4 Minuten dünsten, alles in eine Schüssel füllen, **salzen, pfeffern,** mit **Muskat, Chilipulver** und **Zitronenschale** kräftig würzen und auskühlen lassen. **Hackfleisch** zerpflücken, mit den gut ausgedrückten Brötchen sowie den **Eiern** innig mischen, auch den Spinat. Gut durcharbeiten und sehr kräftig abschmecken. • Auf einen hauchdünn, in etwa 10 cm breite Bänder ausgewalzten **Nudelteig** gut esslöffelgroße Häufchen Füllung in regelmäßigen Abständen nebeneinander daraufsetzen, mit einem zweiten Teigband abdecken und rund um die Füllung jeweils gut festdrücken. Mit einem Teigrädchen quadratische Maultaschen mit Zackenrand ausradeln oder mit einem Glas runde Teigtaschen ausstechen. In leise kochendem **Salzwasser** etwa 5 Minuten ziehen lassen – wenn die Maultaschen oben schwimmen, sind sie gar.

GETRÄNK Ein Wein aus Württemberg sollte es sein, entweder ein frischer Riesling oder ruhig ein kraftvoller Wein, zum Beispiel ein Lemberger.

BEILAGE Die Maultaschen in einer kräftigen klaren Fleischbrühe anrichten, mit reichlich Schnittlauch oder mit gebräunten Zwiebelringen bestreut, gern auch mit beidem. Dazu ist für Schwaben ein saftiger Kartoffelsalat selbstverständlich. Nichtschwaben dürfen die Maultaschen auch ohne Brühe auf flachem Teller verspeisen, dazu passt dann ein gemischter Salat (zu dem ruhig auch ein Kartoffelsalat gehören kann).

TIPP Heutzutage machen sich viele die Arbeit einfacher: Der Teig wird zu einer großen rechteckigen Platte ausgerollt und die Füllung darauf knapp 1 cm dick glatt gestrichen. Dann die Teigplatte zu einer Rolle aufwickeln, flach drücken und in etwa 10 cm breite Stücke schneiden. An den Schnittseiten etwas zusammendrücken, damit die Füllung nicht herausquillt. Es versteht sich, dass die schwäbische Hausfrau diese Technik verachtet. Schließlich sollen es ja Maultaschen sein, keine Schnittlinge ...

TIPPS Übrigen Nudelteig kann man auch in einer Brühe als Suppeneinlage verwenden oder in grobe Streifen schneiden und anrösten. Die Füllung lässt sich nach Lust und Laune variieren, zum Beispiel in die Kartoffelfüllung Ziegen- oder Schafskäse mischen. Und was das Krendeln betrifft: Nicht verzweifeln, wenn es einem nicht gelingt! Man kann die Teigtaschen auch einfach mit einem Glas ausstechen. Das sieht nicht so spektakulär aus, aber hält auch.

INFO Typisch für den Duft ist in Kärnten eine besondere Minze, Braune Minze genannt. Sie verdankt ihren Namen dem braunen Stiel, ist mild, eher süß als mentholhaltig wie Pfefferminze. Man kann sie durch arabische Minze oder die für den „Hugo“ verwendete Minze ersetzen.

Kärntner Nudeln

Die Kärntner Nudeln sind legendär und wirklich etwas Besonderes. Die halbmondförmigen Teigtaschen haben einen charakteristischen Rand, sie werden gekrendelt. Dieser Rand muss sehr gleichmäßig wie eine kunstvoll gedrehte Schnur geformt sein. Dafür muss man lange üben. Eine Kärntnerin sollte das beherrschen, sonst darf sie nicht heiraten, heißt es ... Der Nudelteig ist die eher sparsame Variante, mit wenig Ei. Gefüllt werden die Nudeln dafür üppig und ganz unterschiedlich, mit Fleisch, Knödelbrot und Speck, auch süß, mit Kletzen, also Trockenfrüchten. Klassisch füllt man sie mit Topfen und Erdäpfeln, also mit Quark und Kartoffeln. Man braucht eigentlich Bröseltopfen dafür, das ist Quark, den man so lange hat abtropfen lassen, dass er tatsächlich bröckeltrocken ist. Wir nehmen Schichtkäse, der 2 Tage lang in einem mit Küchenpapier ausgelegten Sieb im Kühlschrank abtropfen darf.

FÜR 6 PERSONEN (ERGIBT CA. 28 MITTELGROSSE NUDELN)

Nudelteig

250 g glattes Weizenmehl (Type 550)
1 gehäufter TL Salz
1 Ei
6–8 EL lauwarmes Wasser

Topfen-Erdäpfel-Fülle

500 g Schichtkäse
500 g Erdäpfel (Kartoffeln)
1 TL Salz
50 g Zwiebel oder Lauch
1 Knoblauchzehe
50 g Butter oder Butterschmalz
1 Handvoll Minze (siehe Tipp), Kerbelkraut, etwas Majoran
1 Ei

Nussbutter

100 g Butter und/oder ca. 100 ml Kürbiskernöl

Außerdem

Nudelmaschine (alternativ Nudelholz verwenden)

ZUBEREITUNG 50–60 MINUTEN PLUS RUHEZEIT, 1–2 TAGE ABTROPFZEIT UND CA. 40 MINUTEN KOCHZEIT

Den Nudelteig am besten schon einige Stunden zuvor, lieber noch am Vortag aus den hier angegebenen **Zutaten** zubereiten (wie auf Seite 12 beschrieben). Er wird umso seidiger, je länger man ihn ruhen lässt. Verpackt in Frischhaltefolie oder einem Gefrierbeutel, nicht im Kühlschrank! ● Und für die Füllung den **Schichtkäse** schon 1–2 Tage zuvor in einem Sieb abtropfen lassen, bis er bröckeltrocken ist. ● **Kartoffeln** in der Schale kochen, heiß schälen und durch die Presse auf die Arbeitsfläche drücken. Den gründlich abgetropften Schichtkäse zugeben, **salzen.** ● **Zwiebel** und **Knoblauch** fein würfeln, in **Butter** andünsten, dabei ruhig sanft bräunen. **Kräuter** fein hacken. Alles mischen, dabei das **Ei** zufügen. Die Masse gut durcharbeiten und nochmals abschmecken. Walnussgroße Kugeln daraus formen. ● Den Teig dünn ausrollen und etwa 9 cm große Kreise ausstechen. In die Mitte jeweils eine Kugel setzen. Teig über die Füllung klappen und zum Halbmond falten, den Rand rundum gut zusammendrücken, er soll sehr dünn sein. Zum Krendeln diesen Rand mit dem Daumen von unten fassen, mit dem Zeigefinger von oben zusammendrücken, dabei jeweils zackig überlappen. Die Naht sieht am Ende aus wie eine gedrehte Kordel. ● Die Teigtaschen in einem großen Topf in **Salzwasser** 7–10 Minuten sieden lassen. Oder im Dampfgarer bei 100 °C 10 Minuten garen. Inzwischen für die Nussbutter die **Butter** so lange auf mittlerer Hitze köcheln, bis sie braun geworden ist und nussig duftet. ● Die fertigen Nudeln in Suppentellern mit Nussbutter begießen und/oder dekorative Kringel mit **Kernöl** ziehen.

BEILAGE In jedem Fall ist ein kleiner, bunt gemischter Salat aus frischen Kräutern gut dazu.

GETRÄNK Ein herzhafter Weißwein, zum Beispiel ein Sauvignon aus Kärnten.

Pelmeni

Die ukrainische Variante zu unseren Maultaschen oder den italienischen Ravioli. Allerdings sind die Täschchen mitunter erheblich kleiner, manchmal sogar so klein, dass 15 bis 20 Stück eine Portion sind. Man serviert Pelmeni in Fleischbrühe, noch lieber mit viel haselnussbrauner Butter, in der Paprika sanft angeröstet wurde, und mit einem dicken Klecks saurer Sahne obenauf.

FÜR 6 PERSONEN

Teig

1 Rezeptmenge Nudelteig mit Ei (siehe Seite 12) oder 1 Rolle fertig gekaufter frischer Maultaschenteig (Nudelteig; ca. 500 g)
1 Eiweiß
Salz
Weizenmehl (Type 405)

Hackfleischfüllung

10–20 g getrocknete Steinpilze
1 ½–2 altbackene Brötchen (120–150 g)
2 Zwiebeln
4 EL Butter
2–4 Knoblauchzehen
1 frische rote oder grüne Chili (mild oder scharf – Geschmackssache)
1 Bund Petersilie
evtl. einige Zweige Bohnenkraut
500 g gemischtes Hackfleisch
1 Ei
Salz, Pfeffer, Chilipulver, Piment
1 Prise Zucker
1–2 saure Gurken

Zum Servieren

ca. 1 l kräftige Fleisch- oder Hühnerbrühe (oder 100 g Butter mit 1–2 EL Delikatesspaprika und evtl. 1 TL Rosenpaprika)
200 g saure Sahne

Außerdem

Nudelmaschine (alternativ Nudelholz verwenden)

ZUBEREITUNG CA. 40 MINUTEN (OHNE NUDELTEIG) PLUS ABKÜHLZEIT

Nudelteig nach Rezept herstellen oder fertig gekauften Nudelteig Zimmertemperatur annehmen lassen. ● Für die Füllung die **Pilze** in einer Schüssel zerkrümeln, mit etwas kochendem Wasser bedecken und bis zur Verwendung einweichen, auch die **Brötchen** in heißem Wasser einweichen. ● **Zwiebeln** fein würfeln und in der **Butter** andünsten, Pilze (Einweichwasser aufheben), gehackten **Knoblauch** und entkernte, fein gehackte **Chili** zufügen, eine Weile mitdünsten. Etwas Einweichwasser angießen und verkochen lassen, bis die Zwiebeln ganz weich sind. Fein gehackte **Petersilie** und, wenn vorhanden, fein gehacktes **Bohnenkraut** unterrühren, beiseitestellen und abkühlen. Mit **Hackfleisch, Ei** und den eingeweichten, gut ausgedrückten Brötchen mischen. Mit **Salz, Pfeffer, Chilipulver, Piment** und einer **Zuckerprise** würzen, dabei sehr kräftig abschmecken. ● Den selbst gemachten Teig erneut durchwalken, portionsweise zu hauchdünnen, etwa 5 cm schmalen Bändern auswalzen und mit **Eiweiß** bestreichen (oder den fertigen Teig ausbreiten und bestreichen). Auf je eine Teighälfte teelöffelweise kleine Häufchen von Füllung nebeneinandersetzen, den Teig von links nach rechts darüberklappen, rund um die Füllung festdrücken und mit einem Messer oder – besser – mit einem Teigrädchen kleine Täschchen ausschneiden. Die Täschchen auf einem mit **Mehl** bestäubten Tuch nebeneinanderliegend aufbewahren, sie dürfen nicht zusammenkleben! ● Zum Servieren in reichlich **Salzwasser** sanft kochen – wenn sie oben schwimmen, nach etwa 2 Minuten (je nach Größe), sind sie gar. ● Mit einer Schaumkelle herausheben, abtropfen lassen und in tiefen Tellern anrichten, entweder mit heißer **Brühe** begießen oder mit Paprikabutter. Dafür die Butter sanft schmelzen, beide **Paprikapulver** hineinrühren, 1 Minute schmurgeln, aber nicht zu heiß werden lassen, sonst wird es bitter. Großzügig Kleckse von Paprikabutter auf den Pelmeni verteilen und je einen großen Klecks **saure Sahne** daraufsetzen.

GETRÄNK Da darf ein Bier dazu zischen.

Wan Tan

Diese köstlichen Teigtäschchen servieren die Chinesen entweder in einer Brühe, dann braucht die Teighülle die Füllung nicht fest zu verschließen und sie schwebt nach dem Kochen wie ein flatterndes Hemd um sie herum. Man kann Wan Tans auch in heißem Fett ausbacken, dann sollte die Teighülle lieber dicht sein, deshalb klebt man sie in diesem Fall mit Eiweiß zu Dreiecken zusammen. Wenn man sie dämpfen will, macht man daraus kleine Beutelchen, die oben sogar offen sein können. Die hauchdünnen Teighüllen, die im Asia-Laden meist tiefgekühlt angeboten werden, sind aus einer Art Nudelteig, hauchdünn ausgewalzt. Man taut sie am besten im Kühlschrank auf – dann kann man so viele Blätter entnehmen, wie man braucht, und den restlichen Stapel wieder einfrieren. Aber: Der Teig darf weder feucht werden, sonst klebt er nach dem nächsten Auftauen unrettbar zusammen, noch austrocknen. Deshalb immer gut verschlossen halten, am besten in einer Plastiktüte.

FÜR 6–8 PERSONEN

Wan Tan

400 g Hähnchenbrustfleisch
1 walnussgroßes Stück Ingwer
3 Knoblauchzehen
1–2 frische Chilis
einige Korianderpflänzchen mit Wurzel
3 Frühlingszwiebeln
1 EL Speisestärke
1 EL chinesisches Sesamöl plus evtl. etwas zum Bepinseln
1 EL Sojasauce
1 EL Austernsauce
¼ TL Zucker
1 Päckchen Wan-Tan-Teighüllen aus dem Asia-Laden („for soup", gibt's in Packungen à 250 g und 500 g, eckig und rund; zum Dämpfen die runden nehmen)
1 Eiweiß
evtl. Brühe zum Kochen oder Wasser
evtl. 2 EL Schnittlauchröllchen
evtl. Sesamöl zum Bepinseln
evtl. Öl zum Frittieren

Sojasaucen-Dip

1 Frühlingszwiebel
je ½ TL geriebener Ingwer und Knoblauch
4 EL Sojasauce
2 EL milder Apfelessig
½ TL Zucker
½ TL Sesamöl

ZUBEREITUNG CA. 30 MINUTEN

Das **Fleisch** von Häuten und Sehnen säubern, längs in feine Streifen schneiden, dann quer in Würfel. **Ingwer** und **Knoblauch** schälen, die **Chilis** entkernen, **Koriandergrün** mit Wurzel und **Frühlingszwiebeln** putzen, alles fein hacken und auf dem zerkleinerten Fleisch verteilen. Die **Speisestärke** darüberstäuben, mit **Sesamöl, Sojasauce** und **Austernsauce** beträufeln und die **Zuckerprise** verstreuen. Dann alles mit einem großen Messer hackend noch weiter zerkleinern und gleichzeitig mischen, bis eine duftende, fast musige Farce entstanden ist. Gut abschmecken. • **In Brühe garen:** Jeweils 1 TL Füllung in die Mitte jedes Teigblatts setzen, rundum die Teigfläche mit **Eiweiß** oder Wasser einpinseln, zusammenklappen und rund um die Fülle zusammendrücken. Wer sie sieden will, braucht die Taschen nicht richtig verschließen, die Teighülle darf ruhig lose um die Füllung flattern. In köchelnder **Brühe** 2–3 Minuten sanft gar ziehen lassen. Mit **Schnittlauchröllchen** bestreut in Suppenschälchen servieren. • **Zum Dämpfen** runde **Teigblätter** verwenden und etwas mehr Füllung daraufsetzen, von allen Seiten nach oben so zusammendrücken, dass kleine Beutelchen entstehen, die oben sogar offen sein können. Auf ein mit **Sesamöl** bepinseltes Dämpfsieb oder in ein Bambuskörbchen setzen und über oder in heißem Dampf etwa 5–8 Minuten garen. • **In Öl ausbacken:** Wenn die Wan Tans gebacken werden sollen, das **Teigblatt** um die Füllung mit **Eiweiß** einpinseln, zu einem Dreieck falten und rundum zusammendrücken. Die Dreiecke in heißem **Öl** schwimmend goldbraun ausbacken. Auf Küchenpapier abtropfen. • Für den Sojasaucen-Dip die sehr fein geschnittenen **Frühlingszwiebeln** mit den anderen **Zutaten** verrühren.

SERVIEREN Ein Sojasaucen-Dip – die Zutaten mit den sehr fein geschnittenen Frühlingszwiebeln verrühren. Man stippt die Wan Tans mit den Stäbchen Bissen für Bissen hinein. Außerdem passt dazu Chilisauce aus dem Asia-Laden.

GETRÄNK Ingwertee! Dafür Ingwerwurzel in Scheiben oder Würfeln mit heißem Wasser aufbrühen, 1–2 EL Honig einrühren und 5 Minuten ziehen lassen. Möglichst heiß trinken. Wirkt blutreinigend, belebend und antibakteriell und ist obendrein erfrischend.

Japanische Gyoza

Auch diese Teigtaschen liebt man in ganz Asien, in China sehen sie genauso aus und heißen „Jaozi“, in Korea „Mandu“ – die Füllung ist überall ähnlich. Trotzdem erkennt man den Unterschied, vor allem an der Sojasauce, da schmeckt man sofort, ob die üppigere und salzigere chinesische Variante verwendet wurde, die süße aus Indonesien oder die schlankere aus Japan, für die auch Weizen verarbeitet wird und die deshalb leichter, süßer wirkt. Die Teighüllen für Gyoza/Jaozi gibt's in der Tiefkühltruhe im Asia-Laden. Darauf achten: Auf dem Etikett steht „zum Braten“.

FÜR 4 PERSONEN

Gyoza

½ Paket runde Gyoza- oder Jaozi-Hüllen (ca. 35–40 Stück)
250 g Schweinehack
2 TL Speisestärke
2 Frühlingszwiebeln
1 Handvoll Sojabohnensprossen
1 Chili
jeweils 1 Tasse winzig fein gewürfelte Möhre und Lauch
je 1 TL fein gehackter Ingwer und Knoblauch
2 EL japanische Sojasauce
2 EL Sake
1 TL Sesamöl
je 1 Prise Salz und Zucker
2–3 EL Erdnussöl

Soja-Chili-Dip

2 Shisoblätter oder chinesischer Schnittlauch
3–4 EL japanische Sojasauce
1 TL Sesamöl
1 EL Knusperchiliöl (siehe Seite 114)
1 EL Sake

ZUBEREITUNG 30 MINUTEN

Die **Teighüllen** auftauen und immer gut verschlossen halten, damit sie nicht feucht werden oder austrocknen. ● Für die Füllung das **Hackfleisch** mit 1 TL **Stärke** durchkneten. Mit fein gehackten **Frühlingszwiebeln, Sprossen** und **Chili** sowie fein gewürfeltem **Gemüse** mischen, dabei **Ingwer, Knoblauch, Sojasauce, Sake** und **Sesamöl** beifügen. Mit **Salz** und **Zucker** abschmecken. Jeweils 1 TL Füllung in die Mitte eines Teigblatts setzen, zum Halbmond zusammenklappen. Wer geschickt ist, kann diese Naht noch kunstvoll fälteln, aber nötig ist das nicht. Die Halbmonde immer mit dem Bauch in eine Richtung, dicht an dicht, in einer beschichteten Pfanne im Kreis auslegen, die mit **Öl** ausgestrichen ist. Behutsam 2–3 Minuten braten, bis die Unterseite hübsch gebräunt ist. ● Dann die Taschen umdrehen, auch jetzt darauf achten, dass sie in die gleiche Richtung gucken. 100 ml Wasser mit der restlichen **Stärke** verquirlen und zwischen die Taschen gießen. Einen Deckel auflegen, die Teigtaschen 3–4 Minuten köcheln, dann den Deckel entfernen und noch 1 weitere Minute braten, bis alles Wasser verdampft ist und die Teigtaschen auch an der Unterseite hübsch gebräunt sind. Dabei setzt sich die Stärke am Pfannenboden zu einem löchrigen Spitzenmuster ab. Einen großen Teller auf die Pfanne legen und stürzen, so haben die Gyoza einen wunderschönen „Deckel“ mit Lochmuster. ● In der Zwischenzeit für den Soja-Chili-Dip **Shisoblätter** in feine Streifen schneiden, mit den flüssigen **Zutaten** verrühren und zu den Gyoza servieren.

GETRÄNK Japanischer grüner Tee. Oder ein blumiger Traminer aus dem Elsass.

NUDELN AUS OFEN UND TOPF

Herzhafte Pasta-Köstlichkeiten

Was aus dem Ofen kommt, ist immer Soulfood: Verschiedene Zutaten werden vermischt, die dann im heißen Klima des Backofens miteinander verschmelzen, sich gegenseitig verstärken und zu etwas Neuem verbinden. Alle lieben Aufläufe und Gratins! Was ist der Unterschied? Bei Aufläufen sorgt die meist mit Ei verstärkte Garflüssigkeit dafür, dass sich alles nicht nur verbindet, sondern üppiger wird, geradezu wächst, sich aufplustert, aufgeht, eben aufläuft. Das braucht nur etwas Zeit, damit alles bis ins Innerste sich verbinden und stocken kann. Beim Gratin kommt es dagegen auf die Oberfläche an, die in kürzerer Frist in eine duftende Kruste verwandelt wird, indem der darauf verteilte Käse schmilzt und mit seiner Umgebung eine verführerische Verbindung eingeht. Damit alle was davon haben und diese wohlschmeckende Schicht so groß wie nur irgend möglich ist, nimmt man für ein Gratin eine breite, flache Schüssel, während man den Auflauf besser in einer hohen Form zubereitet, in der er schön hochgehen kann. Praktisch sind sie beide, vor allem, wenn Gäste kommen: Alles wird eingeschichtet und dann braucht man die Form nur noch rechtzeitig in den Ofen schieben, um das brodelnde, duftende Ergebnis ohne jeden Stress auf den Tisch stellen zu können und die Aaahs und Ooohs der Gäste zu genießen. Ebenso tröstend für Leib und Seele können Suppen und Eintöpfe wirken: Die Zutaten dürfen im großen Topf eine Weile miteinander gar ziehen und verbinden dabei ihre Aromen zum kräftigen Geschmack. Das lässt sich bestens vorbereiten und es braucht weiter keinen Aufwand – man muss nicht groß den Tisch decken, Gabel oder Löffel genügt. Und alle lieben es.

Lasagne verde con spinaci e ricotta

GRÜNE LASAGNE MIT SPINAT-RICOTTA-FÜLLUNG

Unsere leichtere Variante des Klassikers, die auch total vegetarisch sein kann, wenn man den gekochten Schinken, den wir hier dazwischenpacken, einfach weglässt. Wichtig: Keinen Quark, sondern unbedingt Ricotta verwenden! Die Säure vom Quark färbt den Spinat grau – das schadet zwar nicht dem Geschmack, sieht aber nicht schön aus.

FÜR 6 PERSONEN

Spinat-Ricotta-Füllung

1 kg Spinat
Salz
1 Zwiebel
2–3 Knoblauchzehen
2 EL Olivenöl oder Butter
500 g Ricotta
Pfeffer, Muskat, Chilipulver
300 g gekochter Schinken in dünnen Scheiben

Grüner Nudelteig (siehe auch Variante auf Seite 15)

100 g Spinat (von der Füllung abnehmen)
Salz
400 g Hartweizenmehl (Semola di grano duro rimacinata)
2 Eier
2 Eigelb
1 EL Olivenöl
evtl. 1 Schuss warmes Wasser

Sauce und Topping

1 Rezeptmenge Béchamelsauce (siehe Seite 145)
150 g frisch geriebener Parmesan
einige Butterflöckchen

Außerdem

Nudelmaschine (alternativ Nudelholz verwenden)

ZUBEREITUNG CA. 60 MINUTEN PLUS 30–50 MINUTEN RUHEZEIT UND 25–30 MINUTEN BACKZEIT

Für die Spinat-Ricotta-Füllung den **Spinat** verlesen, die Stiele entfernen, mehrmals gründlich in immer wieder frischem Wasser waschen. In einem großen Topf in reichlich kochendem **Salzwasser** versenken, einmal aufwallen lassen, abgießen und in kaltem Wasser abkühlen. Dieses Blanchieren stabilisiert die Vitamine, tötet Keime und hält die schöne grüne Farbe frisch. ● Für den Teig vom Spinat nach dem Blanchieren eine gute Handvoll (etwa 100 g) abnehmen, sehr gut ausdrücken, bevor er im Mixer oder mit dem Pürierstab absolut fein gemixt wird. Dann wie auf Seite 15 beschrieben mit den hier angegebenen **Zutaten** den grünen Nudelteig herstellen und ausrollen. ● Die **Sauce,** gern auch kurz Béchamel genannt, wie auf Seite 145 beschrieben zubereiten. ● **Zwiebel** und **Knoblauch** fein hacken, in heißem **Öl** weich dünsten, ohne zu bräunen, dann in eine Schüssel geben. Den Spinat ausdrücken, grob hacken, mit **Ricotta** und leicht abgekühlter Zwiebel mischen, dabei mit **Salz, Pfeffer,** reichlich **Muskat** und einer kräftigen Prise **Chilipulver** mutig abschmecken – Ricotta schluckt viel Gewürz! ● Den Backofen auf 200 °C Ober-/Unterhitze (180 °C Heißluft) vorheizen. ● Die Lasagneform mit etwas Béchamel ausstreichen, darauf Nudelblätter legen, diese mit Füllung bedecken. Darauf gekochten **Schinken** in Streifen oder Flecken verteilen. Etwas geriebenen **Käse,** wieder Béchamel, Nudelscheiben und Schinken etc., bis alles (außer dem Käse) aufgebraucht ist, oberste Schicht Béchamel. ● In den vorgeheizten Backofen schieben, nach 10 Minuten den restlichen geriebenen **Käse** darüberstreuen sowie **Butterflöckchen** verteilen. Weitere 15–20 Minuten backen, bis alles brodelt.

BEILAGE Gern eine große Schüssel Salat – nach Jahreszeit bunt gemischt.
GETRÄNK Zur leichteren Spinatlasagne lieber einen zarteren Wein, etwa einen Valpolicella, oder einen Weißwein, zum Beispiel einen Vernaccia di San Gimignano oder einen Verdicchio dei Castelli di Jesi. Man könnte aber auch durchaus einen herzhaften Silvaner aus Deutschland dazu trinken.

Cannelloni

ÜBERBACKENE NUDELROLLEN

Wenn man die Teigbänder aus der Nudelmaschine in Stücke von etwa 10–15 cm zuschneidet, lassen sie sich füllen und zu Cannelloni aufrollen. Für die Füllung kochen wir wieder einen dicken Hackfleischsugo, wie immer mit Zwiebeln, Knoblauch, Hackfleisch und Tomaten – für die Cannelloni machen wir ihn mit geraspelten Zucchini und Basilikum leichter. Auch diese Sauce könnte man natürlich als Sugo zur Pasta verwenden, eher zu Fettuccine als zu den schmaleren Tagliatelle. Aber für eine große Runde von verwöhnten Gästen sind unsere Cannelloni das perfekte Gericht!

FÜR 6 PERSONEN

Hackfleischsugo mit Zucchini

2 Zwiebeln
4–6 Knoblauchzehen
2–3 Chilis
2 EL Olivenöl
500 g Hackfleisch (vom Rind, vom Lamm oder Wildschwein)
Salz, Pfeffer
2–3 Zucchini (300 g)
1 gehäufter EL Tomatenmark
1 Dose Tomatenfleisch (400 g; Pelati) oder 1 kg frische Tomaten
einige Stengel Basilikum
ca. 250 ml Brühe oder Weißwein

Nudelteig, Sauce und Topping

1 Rezept Béchamelsauce (siehe Seite 145)
200 g Ricotta
1 Rezeptmenge Nudelteig mit Ei (siehe S. 12) oder 1 Rolle fertiger frischer Nudelteig (ca. 500 g)
200 g Büffel-Mozzarella
50 g frisch geriebener Parmesan
30 g Butter für Flöckchen
evtl. nach Gusto sizilianische Brösel (siehe S. 37)

Außerdem Nudelmaschine (alternativ Nudelholz verwenden)

ZUBEREITUNG 60–70 MINUTEN (OHNE NUDELTEIG, BÉCHAMEL UND BRÖSEL) PLUS 20–25 MINUTEN BACKZEIT

Für den Hackfleischsugo **Zwiebeln** fein würfeln, auch **Knoblauch** und die entkernten **Chilis,** im **Olivenöl** andünsten. Erst wenn sie weich sind, das **Fleisch** zufügen, mit einer Gabel zerdrücken und zerpflücken, so lange unter Rühren braten, bis alles krümelig ist. **Salzen** und **pfeffern.** ● **Zucchini** längs auf dem Juliennehobel so in Streifen schneiden, dass der weiche Kern in der Mitte übrig bleibt – nur die mit der hübschen grünen Schale versehenen Teile verwenden: Darin steckt der Geschmack. Die Streifen quer in kleine Würfel schneiden und mitbraten. **Tomatenmark** mitrösten, schließlich die **Tomaten** samt Saft unterrühren (frische Tomaten vorher häuten). Abgezupfte **Basilikumstiele** mitkochen, die Blätter erst zum Schluss zufügen. Die Sauce etwa 30 Minuten leise köcheln, dabei immer wieder rühren, damit nichts ansetzt, wenn nötig, mit einem Schuss **Brühe** oder **Weißwein** loskochen. ● Inzwischen die **Béchamel** kochen, zum Schluss **Ricotta** unterrühren. ● Den Backofen auf 200 °C Ober-/Unterhitze (180 °C Heißluft) vorheizen. ● Den **Nudelteig** zu Bändern ausrollen und in 10 × 7 cm große Stücke schneiden. **Mozzarella** in 1 cm kleine Würfel schneiden. Jeweils 1–2 EL Hackfleischsugo auf jedem Teigblatt so verstreichen, dass es entlang der Längskante das ganze Blatt als gut 1 cm breiten Streifen ausfüllt. Zwei bis drei Mozzarellawürfel darauf verteilen, das Teigblatt zur Rolle wickeln. Mit der Nahtstelle nach unten nebeneinander in eine Auflaufform setzen. ● Béchamelsauce über die Nudelrollen gießen, in den vorgeheizten Ofen schieben und 10 Minuten backen. Dann erst geriebenen **Käse** und **Butterflöckchen** darauf verteilen, noch mal 10–15 Minuten backen, bis alles brodelt und der Nudelteig gar ist.

BEILAGE Eine große Schüssel Salat – mit bunten Blättern nach der Jahreszeit und mit reichlich Kräutern.

GETRÄNK Ein herzhafter Rotwein, ein Chianti oder Valpolicella, es darf aber auch ein Zweigelt aus Österreich oder Schwaben sein.

TIPP In die Béchamelsauce gehört keine Sahne. Das macht sie nur unnötig schwer.

Das traditionelle Rezept mit der beliebten rotweinduftenden, tomatigen Hackfleischsauce, die auch so wunderbar zur Pasta schmeckt, und eine cremige Béchamel, die mit frisch geriebenem Parmesan ihre richtige Würze bekommt. Was die Lasagneblätter angeht: Man kann sie natürlich fertig kaufen. Aber wetten: wenn Sie sie einmal selbst gemacht gegessen haben, tun Sie das nicht mehr! Sie schmecken so viel besser und haben einfach eine feinere Konsistenz. Und wenn sie zwischen die Saucenschichten gebettet garen, nehmen sie den Geschmack aller Zutaten ungleich besser in sich auf. Wir versprechen Ihnen: So viel Mühe ist es gar nicht!

Klassische Lasagne

FÜR 6 PERSONEN

1 Rezeptmenge Nudelteig mit Ei (siehe Seite 12) oder 500 g trockene Lasagneblätter
200 g Büffel-Mozzarella
200 g frisch geriebener Parmesan
einige Butterflöckchen

Hackfleischsauce mit Champignons

1 Zwiebel
2 EL Olivenöl
500 g gemischtes Hackfleisch
2–3 Knoblauchzehen
250 g Champignons
Salz, Pfeffer
1 Dose Pelati (400 g; geschälte Tomaten)
1 TL Origano (italienischer Oregano)
1–2 Glas Rotwein (200–400 ml)
1 Bund Basilikum

Béchamelsauce

2 EL Butter
1 Stück Schinken oder Speck (am besten Schwarte vom Kochschinken – gut für den Geschmack!)
1 kleine Zwiebel
1 EL Weizenmehl (Type 405)
750 ml Milch
Salz, Pfeffer
1 Petersilienstengel
2 Lorbeerblätter
1 Stückchen Macis (Muskatblüte; ersatzweise Muskat)
1 Stück Zitronenschale

Außerdem

Nudelmaschine (alternativ Nudelholz verwenden)

ZUBEREITUNG 40 MINUTEN (OHNE NUDELTEIG) PLUS CA. 1 STUNDE KOCHZEIT UND CA. 25 MINUTEN BACKZEIT

Den **Nudelteig** wie auf Seite 12 herstellen. ● Für die Hackfleischsauce die fein gewürfelte **Zwiebel** in einer tiefen Pfanne in heißem **Öl** andünsten. Bevor sie Farbe nimmt, das Hackfleisch mitbraten, den gehackten **Knoblauch** und die geputzten und in Scheibchen geschnittenen **Pilze** zufügen, **salzen** und **pfeffern. Tomaten** mitsamt ihrem Saft hinzuschütten, **Origano** darüber zerebbeln. Leise 1 Stunde köcheln lassen, immer wieder rühren und falls zu viel Flüssigkeit verkocht, einen Schuss **Rotwein** angießen; gegen Ende der Kochzeit genügt auch Wasser. Die **Basilikumblätter** abzupfen, die Stiele mitkochen – sie geben der Sauce von ihrem Geschmack und werden am Ende herausgefischt und weggeworfen. Stattdessen kommen die grob geschnittenen Blätter hinein. ● Den Backofen auf 200 °C Ober-/Unterhitze (180 °C Heißluft) vorheizen. ● Für die Béchamelsauce die **Butter** schmelzen, **Schinken** oder **Speck** einlegen, die fein gewürfelte **Zwiebel** mitdünsten. Erst wenn sie richtig blond aussieht, das **Mehl** hineinrühren und gründlich durchschwitzen. Mit **Milch** ablöschen, **salzen, pfeffern, Petersilienstengel, Lorbeerblätter, Macis** und das Stück **Zitronenschale** dazu – die Sauce soll nun leise köcheln. Am Ende durch ein Sieb passieren. ● Inzwischen den Teig zu hauchdünnen Bändern ausrollen und auf Länge oder Breite der Form zuschneiden. Vorkochen ist nicht nötig, wenn sie durchscheinend dünn ausgewalzt sind. Einschichten: 2 EL Béchamel auf dem Boden einer viereckigen Form verteilen. Mit Teigbändern abdecken, sie sollten nebeneinanderliegen, nicht sich überlappen. 3–4 EL Hacksugo darauf verteilen, wieder Teigbänder, Béchamel etc. – bis alles aufgebraucht ist. Jede Schicht mit gewürfeltem **Mozzarella** bestreuen, auch mit etwas geriebenem **Käse;** ein Drittel davon jedoch zum Überbacken beiseitestellen. Oberste Schicht Teig, der mit Béchamel bestrichen wird. ● Im vorgeheizten Ofen etwa 25 Minuten backen, dabei nach 15 Minuten den restlichen **Käse** auf der Oberfläche verteilen und mit **Butterflöckchen** besetzen. Direkt aus der Form servieren.

BEILAGE Dazu empfehlen wir einen grünen Salat mit vielen Kräutern.
GETRÄNK Hier passt ein kräftiger Chianti classico.

Maccheroni-Torte mit Wirsing

FÜR 4–6 PERSONEN

1 kleiner Wirsingkopf (600 g)
3 dicke Möhren (300 g)
1 Staude Bleichsellerie (300 g)
Salz
500 g Maccheroni
1 EL Olivenöl oder Butter
300 g gekochter Schinken in 5 mm dicken Scheiben
300 g geriebener Bergkäse
Pfeffer, Muskat, Chilipulver
200 ml kräftige Brühe
5 Eier
200 g Crème fraîche
einige Butterflöckchen

Außerdem

Springform (Ø 24 cm)

TIPP Schön sind reichlich gehackte Kräuter, die man verschwenderisch unter die Nudeln für die Füllung mischt, vor allem Basilikum. Zur kalten Jahreszeit tut's auch glattblättrige Petersilie.

BEILAGE Eine große Schüssel Salat – ganz nach Jahreszeit Kopfsalat mit viel Schnittlauch, Endiviensalat gemischt mit Radicchio und Feldsalat oder ganz fein geschnittener Zuckerhut.

ZUBEREITUNG 30–35 MINUTEN PLUS 45–50 MINUTEN BACKZEIT

Den **Wirsing** putzen, äußere Blätter abtrennen, dicken Strunk herausschneiden. Schöne Blätter zum Auskleiden ganz lassen, das Herz halbieren und in feine Streifen schneiden. **Möhren** schälen und in feine Streifen hobeln. **Bleichsellerie** putzen, Fäden abziehen und quer in feine Scheibchen schneiden. Die Blätter hacken. ● Die Wirsingblätter in kochendes **Salzwasser** tauchen, nach 2 Minuten herausheben und kalt abschrecken. Die Wirsingstreifen in einem Sieb im kochenden Wasser versenken. Nach 1 Minute die Möhrenstreifen hinzufügen, nach 2 Minuten auch die Selleriescheibchen. Gemüse herausheben und in Eiswasser abkühlen. So bleibt ihre leuchtende Farbe erhalten, auch die Vitamine und Inhaltsstoffe. ● In demselben Wasser die **Nudeln** gar kochen, abgießen, kurz abbrausen und abtropfen, ausnahmsweise mit **Olivenöl** vermischen, damit sie nicht zusammenkleben. **Schinken** würfeln, mit **Gemüse,** auch den Sellerieblättern, und etwa 200 g geriebenem **Käse** mischen, restlichen Käse beiseitelegen. Die Mischung mit **Salz, Pfeffer, Muskat** und einem Hauch **Chili** würzen. ● **Brühe, Eier** und **Crème fraîche** miteinander verquirlen und ebenfalls kräftig abschmecken. ● Den Backofen auf 180 °C Ober-/Unterhitze (160 °C Heißluft) vorheizen. ● Ein Drittel der Nudeln auf dem Boden der Form als Rund anordnen. Den Rand der Form rundum senkrecht mit zugeschnittenen Wirsingblättern abdecken. Die Gemüse-Schinken-Mischung mit dem zweiten Drittel der Nudeln vermengen und in die Form packen. Mit dem letzten Drittel Maccheroni akkurat bedecken, sodass sie eine geschlossene Oberfläche bilden. ● Zum Schluss die Eiercreme angießen, gleichmäßig verteilen, die Form rütteln, bis sich alles bis zum Boden ausgebreitet hat. In den vorgeheizten Ofen geben und etwa 30 Minuten backen, erst dann den restlichen **Käse** auf der Oberfläche gleichmäßig verteilen und mit **Butterflöckchen** besetzen. Weitere 15–20 Minuten backen, bis die Oberfläche goldbraun geworden ist. ● Aus dem Ofen holen – sicherheitshalber mit einem Stäbchen prüfen, ob auch im Torteninneren die Eiercreme gestockt ist. 5 Minuten ruhen lassen, damit sich alles setzt und stabilisiert. Dann aus der Form lösen, in Tortenstücke schneiden und anrichten.

GETRÄNK Ein kräftiger Weißwein, etwa ein Sauvignon aus der Pfalz.

Sie hat einen Boden und Deckel aus hübsch ordentlich im Rund ausgelegten Maccheroni und wird dann wie eine Torte aufgeschnitten. Ein spektakulärer Auflauf, der einfach vorzüglich schmeckt!

TIPP Heutzutage muss niemand mehr Auberginenscheiben eingesalzen stehen lassen, bis sie sich ausgeweint und ihre Bitterkeit verloren haben. Die hat man den heutigen Sorten längst weggezüchtet. Und dass eingesalzene Auberginen weniger Öl beim Braten aufsaugen, stimmt nicht. Man muss nur genügend Geduld haben: Sie geben alles Öl wieder ab, wenn man sie lange und behutsam genug brät.

BEILAGE Krumiges Brot, herzhaftes dunkleres Landbrot oder Ciabatta, mit dem man die Teller auswischen kann.

Pasta ’ncasciata

Das Lieblingsgericht des legendären Commissario Montalbano aus Sizilien. Man könnte es auch einfach Pasta al forno nennen, eben Nudelauflauf. Es ist ein üppiges Nudelgratin mit Auberginen, Kalbfleisch, Hühnerleber, Erbsen und hart gekochten Eiern. Statt Auberginen könnte je nach Saison auch ein anderes Gemüse Verwendung finden: im Winter Broccoli oder Blumenkohl, im Frühjahr Fave (Puffbohnen). Im Namen steckt der Käse (cacio), der nach dem Überbacken zur wunderbaren Kruste wird, für die Montalbano sterblich ist – deshalb unbedingt eine eher breite als hohe Form dafür nehmen, damit möglichst viel köstliche Kruste entsteht. Krimi-Autor Camilleri lässt seinem Protagonisten seine Leibspeise von Signora Fazio auftischen. Sie nimmt nicht etwa Hackfleisch, sondern schneidet dafür zartes Kalbfleisch in winzig kleine Würfel. Und selbstverständlich brät sie die Auberginen mit aller gebotenen Geduld sorgfältig an, Scheibe für Scheibe, denn genau davon hängt entscheidend ab, ob der Auflauf nur gut schmeckt oder ob er göttlich ist.

FÜR 4–5 PERSONEN (WENN MONTALBANO MITISST, NUR FÜR 3)

3–4 mittelgroße Auberginen (1 kg)
6 EL Olivenöl plus etwas zum Ausstreichen
Salz, Pfeffer
1 Zwiebel
4–5 Knoblauchzehen
150 g Kalbfleisch (Schnitzel)
150 g Geflügelleber
200 g ausgepalte Erbsen
1 Bund Basilikum
1 kg reife Tomaten
1 Rosmarinzweig
500 g kurze Pasta (z. B. glatte oder gerippte Penne, Farfalle)
200 g Büffel-Mozzarella
100 g Salami in dünnen Scheiben
2 hart gekochte Eier
150 g frisch geriebener Pecorino
einige Butterflöckchen

GETRÄNK Ein kräftiger Weißwein aus Sizilien, zum Beispiel ein Grillo, oder auch ein herzhafter Rotwein vom Ätna.

ZUBEREITUNG 30 MINUTEN PLUS 30 MINUTEN KOCHZEIT UND CA. 35–45 MINUTEN BACKZEIT

Den Backofen auf 180 °C Heißluft (200 °C Ober-/Unterhitze) vorheizen. • **Auberginen** in 5 mm dünne Scheiben schneiden (auf der Aufschnittmaschine, damit sie gleich dick sind). Auf einem mit Backpapier bedeckten Backblech ausbreiten, mit 4 EL **Öl** einpinseln, **salzen** und **pfeffern** und im vorgeheizten Ofen 10–15 Minuten schön braun braten. • Unterdessen **Zwiebel** und **Knoblauch** fein hacken, im restlichen **Olivenöl** in einer großen Pfanne andünsten, das in winzige Würfel geschnittene **Kalbfleisch** und die sorgsam geputzte, klein geschnittene **Geflügelleber** nur ganz kurz mitbraten. Am Ende auch **Erbsen** und die Hälfte der zerzupften **Basilikumblätter** zufügen. Einige Minuten alles sanft im eigenen Saft schmurgeln, dann die zerkleinerten und durch die Gemüsemühle passierten **Tomaten** zufügen. **Salzen, pfeffern,** den **Rosmarinzweig** einlegen und alles 30 Minuten leise köcheln lassen. • Inzwischen die **Pasta** bissfest kochen. Kurz abtropfen, mit klein gewürfeltem **Mozzarella, Salami** in Streifen und gewürfeltem **Ei** in einer Schüssel mischen, dabei auch Fleisch und Erbsen aus der Sauce untermischen, die man mit einer Schaumkelle herausfischt. • Schließlich eine feuerfeste Form mit **Olivenöl** ausstreichen, eine Lage Pasta-Mischung darin verteilen, mit etwas **Käse** bestreuen und mit etwas Tomatensauce benetzen. Darauf eine Schicht Auberginenscheiben geben, etwas vom restlichen, fein geschnittenen **Basilikum,** dann wieder Pasta-Mischung, Käse (etwas davon beiseitestellen) und Sauce, erneut Auberginenscheiben und Basilikum. Mit Auberginenscheiben abdecken. Im heißen Ofen etwa 25–30 Minuten backen. Nach der halben Zeit mit restlichem **Käse** bestreuen und mit **Butterflöckchen** besetzen. Am Ende ist die Oberfläche golden und knusprig und der Auflauf brodelt.

Conchiglioni ai asparagi

MUSCHELNUDELN MIT SPARGEL

Diese hübschen muschelförmigen Nudeln (daher der Name: conchiglia = Muschel) aus Hartweizen werden gefüllt und gebacken zum Gratin der besonderen Art. Sieht bildschön aus und lässt sich dekorativ anrichten, ein schönes Gästeessen also. Füllen kann man sie mit jeder Art von Sugo. Uns gefallen sie am besten im Frühjahr zur Spargelzeit. Dann nehmen wir die große Variante, fast so groß wie ein Handteller, in die natürlich eine stattliche Menge Füllung passt. Bei kleineren Conchiglie muss ein Teil der Füllung daneben verteilt werden.

FÜR 4 PERSONEN

je 500 g grüner und weißer Spargel
Salz
Schale von ½ Zitrone
500 g große Conchiglie (Muschelnudeln)
2 EL Olivenöl plus etwas zum Beträufeln
Pfeffer, Muskat
½ TL Rosenpaprika
50 g Butter
50 g frisch geriebener Parmesan
200 g Büffel-Mozzarella

ZUBEREITUNG 25 MINUTEN PLUS 20–30 MINUTEN KOCHZEIT UND 15–20 MINUTEN BACKZEIT

Den Backofen auf 200 °C Heißluft (220 °C Ober-/Unterhitze) vorheizen. ● Den **Spargel** sorgsam schälen, ja, auch den grünen! Bei ihm genügt es, nur die untere Hälfte zu schälen, aber das untere Stück einfach abzubrechen und wegzuwerfen, wie oft empfohlen, das finden wir nicht nur schade. Wir brauchen das Stück, und zwar geschält, für unsere Sauce. Auch vom weißen Spargel die geschälte untere Hälfte abschneiden und mit den grünen Spargelenden in einer Kasserolle mit Wasser knapp bedecken. **Salzen, Zitronenschale** zufügen, abgedeckt 20–30 Minuten absolut weich köcheln. ● In der Zwischenzeit die **Nudeln** in reichlich gut **gesalzenem** Wasser nicht ganz weich kochen. ● Den restlichen Spargel bis zur Spitze schräg in 2 cm lange Stücke schneiden, in 2 EL **Olivenöl** kurz anbraten, er darf dabei ruhig etwas Farbe nehmen. Dabei **salzen, pfeffern,** mit **Muskat** und **Rosenpaprika** würzen. ● Die weich gekochten Spargelendstücke im Mixer oder mit dem Mixstab glatt pürieren, zuvor die Zitronenschale entfernen, **Butter** und **Parmesan** mitmixen. Die cremige Sauce mit einer Spur **Paprika** und **Muskat** würzen. ● Die Muschelnudeln nebeneinander in eine feuerfeste Form setzen, die gebratenen Spargelstücke gleichmäßig verteilt in die Nudeln füllen und mit der Spargelcremesauce auffüllen. Was nicht hineinpasst, danebengießen. **Mozzarella** würfeln, auf den Muscheln hübsch anordnen, mit grob gemahlenem **Pfeffer** und sparsam mit **Salz** würzen, einen Faden **Olivenöl** (un filo d'olio) über alles träufeln. Im vorgeheizten Ofen 15–20 Minuten backen, bis der Käse schmilzt und das Gratin brodelt. ● In der Form zu Tisch bringen.

BEILAGE Weißbrot, damit man damit die Sauce aufwischen kann.
GETRÄNK Ein leichter Weißwein, zum Beispiel ein Silvaner aus Württemberg.

Kunterbunter Nudelauflauf

Der immer beliebte Rumfort-Auflauf: alles, was im Kühlschrank **rum**liegt und **fort** muss. So kommen Wurstenden, Bratenreste und übriges Gemüse noch zu neuen Ehren: Sie werden zum herzhaften Auflauf, der nicht viel Mühe macht und wunderbar schmeckt. Denn in der flachen großen Auflaufform entsteht eine große Oberfläche, wo geriebener Käse und Brösel für eine appetitliche Kruste und viel Geschmack sorgen.

FÜR 4 PERSONEN

500 g Nudeln (nach Gusto: Maccheroni, Penne, Bandnudeln)
Salz
ca. 2–3 Tassen gekochtes Wurzelwerk oder anderes Gemüse (gewürfelt oder in Streifen gehobelt)
1–2 Tassen Wurst-, Schinken- oder gegarte Fleischwürfel
2 Eier
Pfeffer, Muskat
100 g geriebener Käse (nach Gusto und Vorrat)
ca. 300 ml Brühe
50 g Semmelbrösel
3 Stengel Petersilie
30 g Butter für Flöckchen

ZUBEREITUNG 15 MINUTEN PLUS CA. 30 MINUTEN BACKZEIT

Den Backofen auf 200 °C Ober-/Unterhitze (180 °C Heißluft) vorheizen. ● Die **Nudeln** in reichlich kochendem **Salzwasser** bissfest kochen. ● Abgießen, mit dem **Gemüse** und den **Fleischwürfeln** mischen und in einer flachen Gratin-/Auflaufform verteilen. **Eier, Salz, Pfeffer** und **Muskat** verquirlen, **Käse** unterrühren und mit **Brühe** mischen. Über die Zutaten gießen. **Semmelbrösel** mit gehackter **Petersilie** vermischen und obenauf verteilen. Dicht mit **Butterflöckchen** besetzen. ● Das Gratin in den vorgeheizten Ofen stellen und gut 30 Minuten backen, bis die Kruste goldbraun geworden ist.

GETRÄNK Apfelsaft, Bier oder ein Glas Hauswein.

Gaisburger Marsch

Der Eintopf mit dem militärisch klingenden Namen soll tatsächlich mit Soldaten zu tun haben. Die Geschichte geht so: Es seien hungrige Offiziere im Stuttgarter Raum gewesen, die nicht in der Kantine aus dem Henkelmann essen mussten, sondern als Ranghöhere dafür außer Haus gehen durften. Sie marschierten gern zu einer feschen Wirtin in den Vorort Gaisburg, die einen besonders üppigen, reichhaltigen Eintopf bot. Darin hatte sie alles, was sie in ihren Vorräten fand – ein gutes Stück vom gesottenen Rindfleisch, das immer samstags auf dem Speisezettel stand, das mitgekochte Gemüse, Spätzle und Kartoffeln, die sie sowieso immer reichlich übrig hatte –, einfach in einem großen Topf versammelt und mit herzhafter Brühe aufgefüllt. Genau betrachtet nichts anderes als geniale Resteverwertung. Dieser Suppentopf ist ein Dauerbrenner, der bis heute überall im Schwabenland in der Gastronomie wie in der Familienküche gern aufgetischt wird.

FÜR 4 PERSONEN

400 g gekochtes Rindfleisch
400 g gekochtes Gemüse (z. B. Möhre, Sellerie, Zwiebel, Lauch)
200 g gekochte Kartoffeln
200 g gekochte Spätzle (siehe Seite 16)
1–1,2 l kräftige Fleischbrühe
1 Bund Schnittlauch

ZUBEREITUNG 15 MINUTEN

Fleisch, Gemüse und **Kartoffeln** auf gleiche Größe zuschneiden, in Würfel, Scheiben oder Schnitze. Mit **Spätzle** in einen Suppentopf geben und mit **Brühe** auffüllen. Zum Kochen bringen und etwa 5 Minuten miteinander leise siedend sich gut mischen lassen. In tiefen Tellern oder großen Suppenschalen anrichten und reichlich feine **Schnittlauchröllchen** darüberstreuen.

TIPP Wer die Bestandteile erst herstellen muss, nimmt zwei bis drei Beinscheiben vom Rind (Wade), ein gutes Stück aus der Schulter oder auch von der Hochrippe, setzt sie mit drei dicken Möhren, zwei Lauchstangen und einem halben Selleriekopf sowie zwei Zwiebeln in einem großen Topf auf. Vom Gemüse anfangs nur die Schalen und Abschnitte zufügen, schöne, große Stücke später, nur gut 30 Minuten einlegen, damit sie nicht zerkochen und man sie später gewürfelt in die Suppe geben kann. Salzen, pfeffern, zwei Lorbeerblätter zufügen. Bei kleiner Hitze so lange leise sieden, bis das Fleisch zart ist: Wade, Knochen und Fett gute 4 Stunden, Schulter und Hochrippe nur 2–3 Stunden. Die Brühe absieben, kalt stellen, damit man sie entfetten kann, und kräftig abschmecken. Für den Gaisburger Marsch Fleisch, Gemüse und Kartoffeln würfeln, 15 Minuten in etwas Brühe gar kochen und zufügen. Spätzle ebenfalls getrennt herstellen (siehe Seite 16) und zum Schluss in den Eintopf geben.

BEILAGE Herzhaftes Bauernbrot.
GETRÄNK Ein Bier (Pils) oder ein leichter schwäbischer Trollinger.

Pasta e fagioli

BOHNENEINTOPF MIT NUDELN

Eine herzhafte Mischung, Bohnenkerne und Pasta, man liebt sie – übrigens auch in der Variante mit Linsen – in ganz Italien. Es ist immer ein herzerwärmender, gaumenschmeichelnder, kräftigender Eintopf. Serviert wird im tiefen Teller, jeder würzt nach Belieben mit grob geschrotetem Pfeffer, einigen Tropfen Balsamico und frischem Olivenöl. Kein Käse! Klar, dass die Bohnenkerne frisch gekocht immer besser schmecken, einfach cremiger sind als solche aus der Dose. Ob man die rotgesprenkelten Borlotti, also Wachtelbohnen, nimmt, oder weiße oder grüne Bohnenkerne jeglicher Größe – Geschmackssache.

FÜR 4 PERSONEN

250 g getrocknete Bohnenkerne (siehe Tipp)
Salz
100 g Speck
2 EL Olivenöl plus Öl zum Servieren
1 Zwiebel
2–3 Knoblauchzehen
1 Möhre
1 Stange Bleichsellerie
je 1 Rosmarin- und Thymianzweig
1 Lorbeerblatt
1 Gewürznelke
1 Dose Pelati (400 g) oder passierte Tomaten
300 g kurze Nudeln (ideal sind Ditalini, ersatzweise Rigatoni, Maccheroncini)
Pfeffer
etwas Basilikum
Balsamico zum Servieren

ZUBEREITUNG 20 MINUTEN PLUS 12 STUNDEN EINWEICHZEIT, 1–2 STUNDEN (BOHNEN) UND CA. 40 MINUTEN KOCHZEIT

Die **Bohnenkerne** im Suppentopf mit Wasser handbreit bedecken und über Nacht einweichen. • Anderntags so viel frisches Wasser auffüllen, dass die Bohnen immer noch zweifingerhoch bedeckt sind, zum Kochen bringen und **salzen.** Abgedeckt bei kleiner Hitze 1–2 Stunden leise mehr ziehen als kochen lassen, bis die Bohnen weich sind. Immer wieder probieren, sie dürfen keinen harten Kern mehr haben, aber auch nicht zerfallen. • Für den Soffritto **Speck** in feine Würfel schneiden, in einem zweiten Topf ausbraten, dafür etwas **Öl** zufügen. Klein gewürfelte **Zwiebel,** fein gehackten **Knoblauch,** auch gewürfelte **Möhre** und **Sellerie** einige Minuten mitdünsten. **Rosmarinzweig, Thymianzweig, Lorbeerblatt** und **Nelke** zufügen. Schließlich auch die **Pelati** samt Saft unterrühren – diese zuvor in ihrer Dose mit einer Schere zerkleinern. Jetzt auch die Bohnen zufügen und so viel vom Kochwasser, dass alles bedeckt ist. • Kräuterzweige, Lorbeerblatt und Nelke herausfischen. Mit dem Mixstab einmal kurz darin spazieren gehen, um einen Teil der Bohnen zu zermusen und die Suppe schön cremig zu machen. Die ungekochte **Pasta** zufügen und ohne Deckel leise bissfest kochen. Ab und zu umrühren und prüfen, dass nichts ansetzt. Die Suppe mit **Pfeffer** abschmecken, **Salz** überprüfen. Fein geschnittenes **Basilikum** unterrühren. • In tiefen Tellern servieren. Die Pfeffermühle auf den Tisch stellen, ebenso **Balsamico** und **Olivenöl.** So kann sich jeder Gast seine Portion nach Gusto nachwürzen. Es wird mit dem Löffel gegessen.

BEILAGE Wie eigentlich immer in Italien auf alle Fälle Weißbrot.
GETRÄNK Ein fruchtiger Rotwein, zum Beispiel ein einfacher Chianti classico.

TIPP Beim Kochen von Bohnenkernen immer darauf achten, dass sie niemals heftig sprudeln, das macht sie hart. Also im nur leise siedenden Wasser sanft köcheln. Darauf achten, dass die Bohnen gut vom Kochwasser bedeckt sind, damit sie gleichmäßig garen. Gleich von Anfang an ausreichend salzen, sonst können sie das Salz nicht richtig aufnehmen.

Fregola sarda con patate e carciofi

SARDISCHE PASTA-KÜGELCHEN MIT KARTOFFELN UND ARTISCHOCKEN

Die kleinen Teigkügelchen aus Hartweizen werden schon bei der Herstellung geröstet, was ihnen nicht nur zu mehr Geschmack verhilft, sondern und außerdem eine raue Oberfläche verschafft, an der die Sauce besser haften bleibt. Fregola sind in den vergangenen Jahren bei uns in Mode gekommen. Zubereitet werden sie wie Risotto: mit einem Soffritto andünsten, mit Wein und Brühe auffüllen und dann langsam zu einem cremigen, seelentröstenden Gericht kochen. Dabei behalten die Kügelchen Biss und nehmen alle Aromen dankbar in sich auf.

FÜR 4 PERSONEN

ca. 600–700 ml Brühe
1 Zwiebel (Tropea oder Roscoff)
2 Knoblauchzehen
1 Chili (grün oder rot, Schärfe nach Gusto)
2 EL Olivenöl
120 g Kartoffeln
2 Artischocken
Salz, Pfeffer
250 g Fregola sarda
1 Glas Weißwein (200 ml)
2 EL Butter
2 EL frisch geriebener Parmesan
Muskat
etwas abgeriebene Zitronenschale und -saft
3–4 Stengel glatte Petersilie

ZUBEREITUNG 35 MINUTEN

Brühe aufkochen und warm halten. **Zwiebel, Knoblauch,** entkernte **Chili** fein würfeln. Im heißen **Olivenöl** in einer Kasserolle sanft andünsten, nicht bräunen. ● Unterdessen **Kartoffeln** schälen und 1 cm groß würfeln. **Artischocken** putzen, alles Harte wegschneiden, das „Heu“ aus dem Inneren entfernen, das Herz ebenso würfeln. Kartoffeln und Artischocken zu den Zwiebeln geben, miteinander weitere 5 Minuten dünsten, dabei **salzen** und **pfeffern.** ● **Pasta** unterrühren und kurz mitrösten, die Hitze verstärken und mit **Wein** ablöschen. Rasch einkochen, bevor nach und nach schöpfkellenweise die heiße Brühe angegossen wird. Leise köcheln lassen, ab und zu umrühren, um sicherzugehen, dass nichts ansetzt. **Salz** und **Pfeffer** überprüfen. Nach etwa 17–18 Minuten müssten die Fregola-Kügelchen gar sein – es gibt sie in unterschiedlicher Größe, deshalb auf die Packungsangabe achten. ● **Butter** und **Parmesan** einrühren. Mit **Muskat, Zitronenschale** und **Zitronensaft** abschmecken. Reichlich fein gehackte **Petersilie** unterrühren. Das Gericht muss jetzt schmelzend fließen, darf auf keinen Fall trocken wirken. In tiefe Teller verteilen und sofort servieren.

BEILAGE Frisches Italienerbrot, wenn möglich, aus Hartweizen.
GETRÄNK Ein Vermentino aus Sardinien passt hier natürlich vorzüglich.

Fregola sarda con arselle

FREGOLA MIT SAFRAN UND VENUSMUSCHELN

Traditionell isst man auf Sardinien Fregola gern mit jeglicher Art von Muscheln. Sie werden zunächst im Soffritto gedünstet, bis sie sich öffnen, dann kann man sie herausnehmen und hat genügend Zeit, sie aus der Schale zu lösen, während die Pasta kocht. Am Ende wird alles zusammengeführt. Hier wird die Pasta mit Safran gewürzt, was ihr nicht nur die hübsche gelbe Farbe verleiht, sondern auch den unwiderstehlichen Duft.

FÜR 3–4 PERSONEN

6 getrocknete Kirschtomaten
1 kg Vongole (Venusmuscheln; auch Miesmuscheln sind geeignet)
Salz
1 Zwiebel
2–3 Knoblauchzehen
1 Chili (nach Gusto)
2–3 EL Olivenöl
250 g Fregola sarda
1 Glas Weißwein (200 ml)
1 Döschen Safran
250 g frische Cocktailtomaten
Pfeffer
2 EL Butter
3 Stengel glatte Petersilie

ZUBEREITUNG 40 MINUTEN

Die getrockneten **Tomaten** mit 250 ml heißem Wasser bedecken und einweichen. ● Die **Muscheln** in **Salzwasser** eine Weile liegen lassen, um sie zu entsanden. Dann in einem Sieb unter kaltem fließendem Wasser gründlich abspülen. Offene oder beschädigte Muscheln wegwerfen. ● **Zwiebel, Knoblauch** und entkernte **Chili** fein würfeln, in einem ausreichend großen Topf (der das ganze Gericht später aufnehmen kann) im heißen **Öl** andünsten. Die abgetropften Muscheln zufügen, Deckel auflegen und 5–6 Minuten heftig kochen lassen. Die Muscheln mit einer Schaumkelle aus dem Topf heben und auf einem Teller beiseitestellen. Sie sollten jetzt alle geöffnet sein, noch geschlossene ebenfalls wegwerfen. Das Muschelfleisch aus den Schalen lösen. ● Die **Fregola** zu den Zwiebeln in den Topf geben, **Wein** angießen und aufkochen. 2 EL Flüssigkeit davon abnehmen und den **Safran** damit auflösen, gut zerreiben, sollte es sich um Safranfäden handeln, so löst sich die Farbe besser. In den Topf rühren, leise köcheln, immer wieder rühren, dabei immer wieder einen Schuss vom Einweichsud der Tomaten hinzufügen. Diese würfeln und in den Topf rühren. ● Den frischen **Tomätchen** den Stielansatz herausschneiden, in die Fregola betten und einige Minuten mitköcheln. Dann lässt sich ihre Haut ganz einfach abziehen; dabei kann man sie nach Belieben halbieren oder ganz lassen. Alles mit **Salz** und **Pfeffer** würzen. ● Wenn die Pasta-Kügelchen nach etwa 18 Minuten angenehm bissfest sind, die **Butter** unterrühren, ebenso die ausgelösten Muscheln sowie die sehr fein gehackte **Petersilie.** Die Fregola sollten jetzt in einer cremigen Sauce geradezu schwimmen.

BEILAGE Das herrliche, geradezu papierdünne Knusperbrot aus Sardinien, Pane carasau oder Carta da musica, das man in guten italienischen Feinkostläden oder im Internet bestellen kann.

GETRÄNK Ein frischer Rotwein aus Sardinien oder der Toskana.

Ramen

Das Wort bedeutet einfach Nudelsuppe, aber in Japan ist es mehr als das, es ist ein ganzer Kosmos. Ramen sind so beliebt, dass man den Ort so nennt, wo die Nudelsuppe serviert wird: Ramen gibt's also im Ramen, in der Nudelbar oder im Nudelimbiss. Und natürlich bietet jede(r) eine andere der zahllosen Varianten. Jede(r) hat seine eigenen Rezepte für die Brühe, die vielerlei Einlagen und vor allem für die unterschiedlichsten Toppings. Immer charakteristisch sind die richtigen Nudeln, sie sind dicker als sonst und durch den Zusatz eines Fermentationsmittels namens Kansui besonders mürbe, geradezu fluffig. Wenn alle Bestandteile für die Suppe zur Verfügung sind, ist sie natürlich im Handumdrehen angerichtet.

FÜR 2 PERSONEN

2 EL getrocknete Mu-Err-Pilze
100 g Schweineschnitzel
2 EL neutrales Öl
1 TL Sesamöl
Salz, Pfeffer
je ½ TL fein gehackter oder geriebener Ingwer und Knoblauch
100 g Möhre, in feine Streifen geschnitten
1 Tasse haarfein geschnittener Weiß- oder Chinakohl
1 Handvoll Sojakeime
1 Frühlingszwiebel
150–180 g frische Ramen-Nudeln (siehe Seite 20; oder 80–100 g gekaufte trockene; nach Gusto)
500 ml Dashi (siehe Seite 119) oder Hühnerbrühe
je 2 EL Sojasauce, Sake und Mirin
2 Eier
2–3 Shisoblätter oder etwas Koriandergrün oder chinesischer Schnittlauch

ZUBEREITUNG 20–25 MINUTEN (OHNE NUDELN UND DASHI) PLUS 30 MINUTEN EINWEICHZEIT

Die **Pilze** mit heißem Wasser bedeckt einweichen, etwa 30 Minuten, dann grob zerkleinern. ● Das **Schnitzel** in 5 mm feine Streifen schneiden. In heißem **Öl** langsam knusprig braten, dabei einige Tropfen **Sesamöl** zufügen, **salzen, pfeffern, Ingwer** und **Knoblauch** untermischen. Pilze, **Möhrenstreifen, Weiß-** oder **Chinakohl** und **Sojakeime** zufügen, auch die in feine Ringe geschnittene **Frühlingszwiebel,** alles rasch bei großer Hitze unter Rühren braten, **salzen** und **pfeffern.** ● Die **Nudeln** nach Packungsaufschrift oder Rezept zubereiten, gut abspülen. Mit restlichem **Sesamöl** durchmischen und in Suppenschalen verteilen. ● **Dashi** mit **Sojasauce, Sake** und **Mirin** würzen, aufkochen und heiß über die Nudeln gießen. Einen Rest Brühe, etwa eine Tasse, im Topf lassen und nochmals erhitzen, die **Eier** in eine Tasse aufschlagen und von dort hineingleiten lassen. 2 Minuten abgedeckt bei kleiner Hitze gar ziehen lassen und auf die Nudeln setzen. Mit in Streifen geschnittenem **Shiso,** zerzupftem **Koriandergrün** oder in schräge Rauten geschnittenem **chinesischem Schnittlauch** bestreuen.

GETRÄNK Keines nötig, man trinkt am Ende die Brühe.

Vietnamesische Pho-Suppe

Es ist DIE Nationalsuppe in Nordvietnam, deshalb spricht man auch von der Hanoi-Suppe. Es handelt sich um eine sehr konzentrierte und gehaltvolle Brühe, sehr kräftig gewürzt, mit Zimt, Sternanis und Chilis. Weil die Brühe sehr lange ziehen sollte, damit die Aromen zum typischen, dichten Geschmack verschmelzen, spricht man auch von der 24-Stunden-Suppe. Das ist natürlich nicht wörtlich gemeint, 3–4 Stunden genügen schon. Die Suppe entsteht also in zwei vollkommen getrennten Arbeitsgängen: zuerst die Brühe kochen, was zum Servieren nötig ist, lässt sich dann in wenigen Minuten erledigen.

FÜR 4 PERSONEN

Brühe

1 gutes Pfund Suppenfleisch (vom Rind: Rippe oder Wade)
je 2 Fleisch- und Markknochen
je 100 g Stangensellerie, Möhre, Lauch und Petersilie mit Wurzel
2 Zwiebeln
2–4 getrocknete Chilis
je 1 daumengroßes Stück Ingwer, immer klein gehackt, wenn möglich auch Galgant und Fingeringwer (Asia-Laden)
2 Zimtstangen
¼ Muskatnuss
6 ganze Sternanise
1 Handvoll Knoblauchzehen
einige Stengel Koriander mit Wurzeln, Blätter abzupfen und beiseitelegen
1–2 Zitronengraskolben, in Stücke gehackt
4 EL Fischsauce

Pho

150 g weiße Reisnudeln (nach Gusto haarfein oder die breiteren)
Salz
3 Schalotten oder 1 Tropea-Zwiebel
1 EL geschmacksneutrales Öl
200 g Rinderfilet
3 Frühlingszwiebeln
einige Chinakohlblätter oder 1 Pak Choi
je eine 1 gute Handvoll Thai-Basilikum- und Korianderblätter
1–2 EL Fischsauce
2 Limetten

ZUBEREITUNG 30 MINUTEN PLUS MIND. 4 STUNDEN KOCHZEIT

Alle **Zutaten** für die Brühe – **Gemüse** putzen und würfeln, **Knoblauch** schälen – in einen großen Topf geben, mit gut 3 Litern Wasser aufgießen. Langsam unbedeckt zum Kochen bringen; den dabei entstehenden Schaum nicht abschöpfen, er wird im Verlauf der Garzeit die Brühe klären. Beim ersten Aufwallen die Hitze zurückschalten, den Deckel auflegen und das Ganze ohne zu kochen mindestens 4 Stunden, gern auch länger ziehen lassen. Die Brühe nicht salzen – die Aromen sind kräftig genug! Am Ende durchseihen und sorgfältig entfetten. (Am besten im Kühlschrank auskühlen lassen: Das Fett erstarrt an der Oberfläche und man kann es einfach abheben.) ● Zum Servieren wird die Brühe wieder erhitzt. Das mitgekochte Fleisch sorgfältig von Fett und Sehnen befreien, in feine Scheibchen oder Würfel schneiden; es kommt später auf die Nudeln in der Suppenschale. ● Für die eigentliche Suppe etwa 20 Minuten vor dem Servieren die **Nudeln** mit kochendem **Salzwasser** überbrühen und einweichen, dann gut abtropfen; eventuell mit einer Schere kürzen. Inzwischen die **Schalotten** in Ringe schneiden und im **Öl** langsam knusprig rösten. ● Das Filet am besten auf der Aufschnittmaschine in hauchdünne Scheiben schneiden. **Frühlingszwiebeln** putzen und schräg in Scheibchen, **Chinakohl** quer in schmale Streifen. Alle diese Zutaten, auch das klein geschnittene Suppenfleisch und die Kräuter, gleichmäßig in Suppentellern, -tassen oder -schalen verteilen: zuunterst die abgetropften Reisnudeln, die anderen Zutaten obenauf. Mit kochend heißer Brühe auffüllen – noch mal mit **Fischsauce** abschmecken. So garen die rohen Rindfleischscheiben leicht an. Die gerösteten Schalotten obenauf verteilen. Die **Limetten** schräg in Segmente schneiden und auf einem Teller auf den Tisch stellen.

GETRÄNK Entweder ganz klassisch grüner Tee oder Wasser. Natürlich passt auch ein Bier.

TIPP Man braucht für diese Suppe nicht mal einen Löffel: Die festen Bestandteile werden mit Stäbchen herausgefischt und die Flüssigkeit wird aus der Tasse oder Schale getrunken.

TOPPING Auch reichlich frische Kräuter sollten zum Nachfassen auf dem Tisch stehen sowie noch ein Vorrat eingeweichter Reisnudeln.

NUDELSALATE

Bunte Vielfalt für jeden Tag

Sie gelten ja als der Inbegriff langweiliger Partybuffets! Das wundert nicht, wenn man sie mit mehligen Erbsen aus der Dose und Mayonnaise aus der Tube angemacht in Erinnerung hat, womöglich noch verwegen aufgepeppt mit halbsüßen Dosenmandarinen und, ach ja, da fehlt ja noch die Fleischeinlage: gewürfelte Fleischwurst. Man kann sich ja über alles lustig machen, vor allem über fantasielose Zusammenstellungen und den Einsatz mieser Zutaten, aber wir finden: Ein gut abgeschmeckter Nudelsalat kann ebenso großartig sein wie ein guter Kartoffelsalat – und das will vor allem bei Moritz was heißen (man denke an unser Buch rund um sein Lieblingsessen „Ein Tag ohne Kartoffelsalat ist in kulinarischer Hinsicht ein verlorener Tag"). Wir lieben vor allem im Sommer kalte Pasta – zum Beispiel mit frischen Tomaten (siehe Seite 53), die ja nur im Zenit ihrer Saison wirklich großartig schmecken. Nudeln saugen (wie Kartoffeln) im Salat begierig alles an Geschmäckern und Aromen jeglicher Zutaten auf, die man ihnen beigesellt. Und das Schöne daran: Salate erfordern selbst in großen Mengen nicht viel Mühe und sind deshalb immer ein willkommenes Mitbringsel zum Grillfest, für ein Picknick oder als Beitrag fürs Partybuffet. Dort überstehen sie selbst lange Partynächte bis zum letzten Rest in der Schüssel, eigentlich immer durchaus mit Anstand. Gern lassen wir uns auch bei Nudelsalaten von den Küchen Asiens inspirieren – in Japan zum Beispiel isst man Nudeln, vor allem die dicken Udon, am liebsten kalt (siehe Seite 20). Und wie unsere Rezeptideen zeigen, eignen sich auch die feinen Reis- oder Glasnudeln perfekt für Salate.

Nudelsalat mit Kapern, Anchovis und Kräutern

Dieser Salat macht eine fabelhafte Figur auf dem sommerlichen Partybuffet. Die Kohlenhydrate sorgen für Power, Kapern, Gürkchen und Anchovis machen ihn herzhaft.

FÜR 4–6 PERSONEN

500 g Nudeln (Tagliatelle oder auch kurze Nudeln wie Rigatoni oder Penne)
Salz
2 EL Öl
2 große Tassen gemischte Kräuter (z. B. Petersilie, Basilikum, Kerbel, Frühlingszwiebel, Brunnenkresse)
4 EL kleine Kapern aus dem Glas
200 g saure oder Essiggürkchen
4–6 Anchovisfilets
Kopfsalatblätter zum Anrichten

Mayonnaise
1 Eigelb
Salz, Pfeffer
1 TL scharfer Senf
1 Chili
1 Stück Zitronenschale
2 EL Zitronensaft
2–3 Knoblauchzehen
125 ml Oliven- oder neutrales Öl

ZUBEREITUNG 15–20 MINUTEN

Die **Nudeln** in sprudelndem **Salzwasser** al dente, also knackig, gar kochen. Sofort unter eiskaltem fließendem Wasser abschrecken und abkühlen, damit sie nicht zusammenkleben. Was sonst strikt verboten ist, ist hier erwünscht, wir machen schließlich einen Salat, der ja kalt gegessen wird. Die Nudeln mit 1 EL **Öl** beträufeln und durchschwenken, das gibt Geschmack und verhindert garantiert, dass sie kleben. ● Während die Nudeln kochen, die **Kräuter** putzen, von den Stielen zupfen, ein paar Blättchen für die Dekoration zurückbehalten. Die übrigen ganz fein hacken oder besser im Universalzerkleinerer mixen. Dabei das restliche **Öl** zugeben, damit die Kräuter nicht oxidieren und bitter werden. ● Nudeln mit Kräutern, **Kapern,** gewürfelten **Gürkchen** und klein gehackten **Anchovis** mischen. ● Für die Mayonnaise alle **Zutaten** (sollten gleiche, möglichst Zimmertemperatur haben) in einen Mixbecher füllen. Mit dem Pürierstab zunächst am Boden alles glatt pürieren, dann langsam den Stab hochziehen, bis eine cremige, dicke Mayonnaise entstanden ist. Abschmecken! Zu den Nudeln geben und alles innig umwenden, mischen und als sommerliches Hauptgericht reichen.

BEILAGE Bratwurst. Grillwurst, gekochter Schinken oder einfach ein Schnitzel.
GETRÄNK Ein sommerlicher Weißwein, der ruhig ein wenig Wumms haben darf, etwa ein weiß gekelterter Spätburgunder aus dem Rheingau.

Griechischer Reiskornnudelsalat

Die hübschen kleinen Reiskornnudeln, die man in Griechenland so liebt, geben im Mund immer ein verblüffendes Gefühl. Wir mischen sie mit fast reiskornkleinen Würfeln von bunter Paprika zum Salat und nehmen statt Öl für die Marinade ebenso gewürfelte Avocado. Das sieht umwerfend aus, schmeckt verführerisch und ist obendrein leicht und bekömmlich. Genau der richtige Salat fürs Grillfest, für die Gartenparty oder am Ende eines heißen Sommertags, wenn man vom Baden nach Hause zurückkehrt.

FÜR 6 PERSONEN

500 g Reiskornnudeln
Salz
je 1 grüne, gelbe und rote dickfleischige Spitzpaprika
1 junge Zwiebel
3 Frühlingszwiebeln
3 Knoblauchzehen
1–2 Chilis
1–2 reife Avocados
Pfeffer
2 EL Apfelessig
3–4 EL Zitronensaft
1 gute Handvoll Kräuter (z. B. Basilikum, Koriandergrün, Fenchelgrün)

ZUBEREITUNG 15–20 MINUTEN

Die **Nudeln** in **gesalzenem** Wasser bissfest kochen. Abgießen, noch heiß mit den während der Kochzeit in 1 cm kleine Würfel geschnittenen **Paprika** in einer Schüssel mischen. Nun auch **Zwiebel, Frühlingszwiebeln, Knoblauch** (den kann man auch gut auf der Reibe zermusen), die entkernten **Chilis** fein würfeln. Mit den in Würfel geschnittenen **Avocados** untermischen. **Salzen,** kräftig grob **pfeffern, Essig** und reichlich **Zitronensaft** hinzufügen. Alles behutsam vermengen. Erst dann die **Kräuter** nicht zu fein hacken und untermischen. Abschmecken!

BEILAGE Salatblätter, mit denen man die Schüssel auslegt. Und Würfel von Feta.

GETRÄNK Zitronensaft mit Minzeblättern auf Eiswürfeln. Oder ein erfrischendes Pils.

Bun Thit Nuoc Cham

VIETNAMESISCHER REISNUDELSALAT

Lässt sich gut in größeren Mengen für viele Gäste machen, ist federleicht und elegant. Tipp zum Servieren: Sie können alle Salatzutaten schon getrennt im Voraus bereitstellen und fertig machen. Gemischt werden sie erst, wenn die Gäste da sind – man kann das sogar jeden Gast selber tun lassen!

FÜR 6 PERSONEN

Fleisch und Marinade

800 g Schweinehals oder -bauch (durchwachsen, ohne Knochen)
4 EL Erdnussöl
3 TL Sesamöl
3 EL Sojasauce
5 EL Fischsauce
2 TL sehr fein geschnittenes, frisches Zitronengras
2 Knoblauchzehen, gewürfelt
2-cm-Stück Ingwer, gewürfelt
1 TL Fünf-Gewürze-Pulver
je ½ TL Salz und Pfeffer
1 TL Zucker
1 EL Speisestärke

Salat

400 g feinste Reisnudeln (Vermicelli bzw. Fadennudeln)
1 TL Sesamöl
2 große Zwiebeln
1 fester Salatkopf
200 g frische Sojakeime
1 Bund Pfefferminze
3–4 Korianderpflänzchen mit Wurzeln
1 Salatgurke
2 Möhren

Sauce

2 Knoblauchzehen
2-cm-Stück Ingwerwurzel
1–2 Chilis
6 EL Zitronensaft
2 EL Fischsauce
½ TL Zucker
1 EL Erdnussöl

ZUBEREITUNG 40 MINUTEN PLUS CA. 1 STUNDE MARINIERZEIT

Das **Fleisch** in exakte etwa 2 cm große Würfel schneiden. 2 EL **Erdnussöl,** 1 ½ TL **Sesamöl, Sojasauce, Fischsauce, Zitronengras, Knoblauch** und **Ingwer** mit **Gewürzen** und **Zucker** im Mixer zu einer Marinade pürieren. Mit den Fleischwürfeln in einen Gefrierbeutel packen, alle Luft rausdrücken, etwa 1 Stunde (aber auch gern länger!) ziehen lassen. ● Für den Salat die **Reisnudeln** mit kochendem Wasser überbrühen und 10 Minuten einweichen. Abgießen, abtropfen und mit etwas **Sesamöl** schwenken, damit sie nicht zusammenkleben. ● Inzwischen die **Zwiebeln** achteln oder sogar in 16 Segmente schneiden, sie sollen in der Größe den Fleischwürfeln gleichen. **Salatkopf** entblättern, waschen, auch die **Sojakeime** waschen, abtropfen. **Pfefferminze** und **Koriander** waschen und die Blätter abzupfen, Blätter grob, Wurzeln fein hacken. **Salatgurke** längs halbieren und mit der Schale quer in dünne Scheiben schneiden. **Möhren** mit dem Gurkenschäler schälen, längs rundherum einkerben und danach quer in dünne Scheiben schneiden; sie sehen jetzt wie kleine Blütensterne aus. ● Fleischwürfel aus der Tüte nehmen, trocken tupfen und mit **Stärke** einreiben. In einer großen Pfanne, in der die Fleischwürfel möglichst alle Bodenkontakt haben, restliches **Erdnussöl** und restliches **Sesamöl** erhitzen. Die Fleischwürfel langsam knusprig rösten, immer wieder schütteln und wenden, damit sie rundum bräunen. Sobald sie Bratspuren zeigen, die Zwiebelstücke zufügen, weitere 10 Minuten braten, dabei immer wieder wenden. Am Ende die restliche Fleischmarinade zufügen, leise köcheln, dabei alle Teile immer wieder drehen, bis sie rundum davon überzogen sind. ● Die **Zutaten** für die Salatsauce mischen, dafür **Knoblauchzehen, Ingwer** und entkernte **Chili** sehr fein hacken. ● Die großen **Salatblätter** als Bett auf einer großen, runden Platte anordnen. In die Mitte die Reisnudeln häufen. Die Gurkenscheibchen und Möhrenblüten als Kranz drumherum setzen. Dazwischen die Sojakeime streuen. Auf die Reisnudeln Fleisch und Zwiebeln verteilen und alles vorsichtig mit Salatmarinade tränken. Mit zerzupften Minze- und Korianderblättern üppig dekorieren und zu Tisch bringen.

BEILAGE Die kleinen Blätter vom Salatherz dazustellen. Die restliche Marinade nochmals aufkochen und in einem Schälchen als Dip reichen, sodass sich jeder davon nehmen kann.

GETRÄNK Dazu kann man grünen Tee oder ein kühles Bier trinken.

TOPPING Nach Gusto mit frischen Kräutern garnieren.

Koreanische Glasnudeln mit Fleisch und Gemüse

JAPCHAE

FÜR 6 PERSONEN

Fleisch

250 g gleichmäßig durchwachsener, frischer Schweinebauch
200 g Rinderlende
150 g Hähnchenbrust
1 EL Speisestärke

Marinade

2 TL fein gehackter Knoblauch
2 TL fein gehackter Ingwer
1 EL Sesamöl
2 EL Sojasauce
Salz, Pfeffer, Chilipulver
½ TL Zucker

Salat

200 g Glasnudeln
3–4 EL getrocknete chinesische Morcheln (Mu-Err-Pilze)
150 g Möhren
100 g Bambussprossen aus dem Glas
200 g Lauch (weiße und hellgrüne Teile)
2 Frühlingszwiebeln
200 g Spinat
100 g frische Sojakeime
1 EL Sesamöl
4 EL neutrales Öl
Salz, Pfeffer, Chilipulver, Zucker
4 EL Sojasauce
3 EL Austernsauce
2 EL Reiswein oder Sherry
2–3 EL geröstete Sesamsamen

Omelettstreifen

3 Eier
1 EL Sojasauce
1 TL Sesamöl
1 Prise Zucker, Salz, Pfeffer, Chilipulver
Öl zum Braten

Man kann sich kaum entscheiden: Ist es ein Glasnudelgericht oder ein Salat? Es schmeckt nicht nur heiß, frisch aus der Pfanne, sondern auch kalt beziehungsweise lauwarm. Und es eignet sich deshalb auch wunderbar, in großer Menge zubereitet zu werden, und ist dann ein ideales Partyessen.

ZUBEREITUNG 45–50 MINUTEN

Den **Schweinebauch** auf der Aufschnittmaschine in sehr dünne Scheiben, diese in zweifingerbreite Streifen schneiden. **Rindfleisch** in dünne Scheiben, diese wiederum in 5 cm lange Stücke schneiden. Das **Hähnchenfleisch** in feine Streifen schneiden. Die Fleischsorten getrennt jeweils mit etwas **Stärke** überpudern und gut einmassieren. ● Die **Zutaten** für die Marinade verquirlen und gleichmäßig auf die drei Fleischsorten verteilen, gut einreiben und bis zur Verwendung ziehen lassen. ● Für den Salat **Glasnudeln** und getrocknete **Pilze** getrennt mit kochendem Wasser bedecken und 30 Minuten einweichen. Die Glasnudeln mit einer Schere in kurze Stücke schneiden. Die Morcheln putzen und grob zerschneiden, dabei, wenn nötig, feste und zähe Teile entfernen. ● Während der Einweichzeit **Möhren** und **Bambus** streichholzfein stifteln, **Lauch** und **Frühlingszwiebeln** in schmale Ringe schneiden, **Spinat** waschen, von dicken Stielen säubern, **Sojakeime** waschen. ● **Sesam-** und neutrales **Öl** im Wok erhitzen, zuerst das Fleisch portionsweise kräftig anbraten. Auch die Gemüse darin nacheinander, immer nur portionsweise, rasch unter Rühren braten, bis ihre Farbe leuchtet, dabei jeweils mit **Salz, Pfeffer, Chili** und **Zucker** würzen. Dann die Fleisch-Gemüse-Mischung in eine Schüssel geben. Zum Schluss die abgetropften Glasnudeln im restlichen Öl im Wok anbraten, die Pilze zufügen und in die Schüssel geben. Mit **Sojasauce, Austernsauce, Reiswein** würzen und mischen. ● Für die Omelettstreifen die **Eier** mit **Sojasauce, Sesamöl, Zucker, Salz, Pfeffer** und **Chili** verquirlen, in einer **geölten** Pfanne hauchdünne Omeletts backen. Diese aufrollen und in feine Streifen schneiden. Erst am Ende teils über dem Salat verteilen, teils vorsichtig untermischen. Zum Schluss geröstete **Sesamsamen** darüberstreuen.

GETRÄNK Grüner Tee, Jasmin- oder Ingwertee. Gern was Prickelndes: Winzersekt, schäumender Apfelwein oder auch nur ein Pils.

SÜSSE NUDELGERICHTE

Pasta einfach mal anders

Nicht nur bei Kindern, in vielen Gegenden sind süße Hauptgerichte überhaupt beliebt, nicht nur freitags, dem früher überall klassischerweise fleischlosen Tag. Bei uns zu Hause war das alljährliche Karfreitagsessen Nudeln mit Backobst. Da hielt sich die Begeisterung in Grenzen, denn das Kompott aus Trockenobst, das vorwiegend aus aufgeschwemmten Trockenpflaumen und öden Apfelringen bestand, konnte uns Kinder nicht beglücken. Wir haben die Früchte beiseitegeschoben, dafür mehr geröstete Butterbrösel auf die Nudeln gehäuft – so ging's. Inzwischen haben wir am Rezept gearbeitet, das Ergebnis auf der nächsten Seite kann sich sehen beziehungsweise schmecken lassen. Man muss nur ein wenig nach spannenden getrockneten Früchten suchen, die gibt es heutzutage in überwältigender Vielfalt. Und dann kann man ja süß mit herzhaft mischen, dafür im Folgenden unsere Lieblingsbeispiele: Nudeln mit einer fruchtig-süß-herzhaften Marinade zu Burrata oder Ziegenkäse auf Salat. Oder mit Frischkäse gefüllte Nudeltaschen, von denen man nicht ganz genau weiß, ob man sie zur Vorspeise oder als Dessert servieren soll. Vielleicht an einem heißen Sommertag als kleinen Imbiss oder sogar, um ein festliches Menü zu beginnen? Sensationell und in jedem Fall ein unwiderstehlich zuckersüßes Dessert: die knusprige, verführerische Torte aus mit Sirup getränktem türkischem Engelshaar und einer kühlen Frischkäsecreme. Spätestens dann stellt man sich nicht mehr die Frage: Schmecken Nudeln tatsächlich auch süß?

Nudeln mit Backobst

Dafür muss man eine schöne Mischung aus verschiedenen getrockneten Früchten zusammenstellen, damit daraus ein kulinarisches Vergnügen wird. Die langweilige Kombination aus getrockneten Zwetschgen und Apfelringen lässt sich mit wenig Aufwand interessanter machen. Nach dem Einweichen – am besten über Nacht – muss man die unterschiedlich großen Früchte entsprechend zuschneiden, damit sie im Kompott besser zusammenpassen. Zitrone gibt ihm Frische, Sternanis und Zimt sorgen für verführerischen Duft und knusprige Butterbrösel am Ende für Biss.

FÜR 4 PERSONEN

500 g Trockenobst (eine Mischung von Apfelringen, Aprikosen, Birnen, Cranberrys und Zwetschgen)
500 ml Apfelsaft
½ Zimtstange
1 Sternanis
1 Gewürznelke
1 Lorbeerblatt
1 getrocknete Chili
2 EL Zucker
1 Zitrone
400 g Hörnchennudeln
Salz
4 EL Panko oder grob zerbröselter Zwieback
40 g Butter
2–3 Stengel frische Minze oder Zitronenmelisse

ZUBEREITUNG 25 MINUTEN PLUS CA. 12 STUNDEN EINWEICHZEIT UND 20–30 MINUTEN GARZEIT

Das **Obst** im passenden Kochtopf am besten bereits am Vorabend mit Wasser bedecken und über Nacht einweichen, es wird sich dabei im Volumen mehr als verdoppeln. ● Am nächsten Tag die Früchte hübsch zuschneiden, alle etwa auf die gleiche Größe: Apfelringe in Stücke, Aprikosen und Birnen längs in Schnitze, Cranberrys ganz lassen, Zwetschgen halbieren und dabei entsteinen. Zurück in den Einweichsud geben, **Apfelsaft, Gewürze** und **Zucker** zufügen, auch die mit dem Sparschäler abgeschnittene Schale der ganzen sowie den Saft der halben **Zitrone.** So viel Wasser auffüllen, dass alles knapp bedeckt ist. Aufkochen und danach das Obst bei kleiner Hitze abgedeckt 20–30 Minuten leise weich köcheln, dann die Gewürze entfernen. ● Inzwischen die **Nudeln** in **Salzwasser** bissfest kochen. Die **Pankobrösel** in einer Pfanne in **Butter** sanft knusprig rösten. ● Die Nudeln kurz abtropfen, mit dem Backobst mischen, dabei nur so viel vom Sud zufügen, dass alles davon überzogen glänzt, aber nicht darin schwimmt. Frische **Minzeblättchen** in nicht zu feinen Streifen unterrühren, mit dem restlichen **Zitronensaft** abschmecken. In tiefen Tellern anrichten und mit den Knusperbröseln bestreuen.

GETRÄNK Ein gereifter, sehr trockener Silvaner aus Franken. Und Kinder kriegen einen prickelnden Apfelsaft.

Gefüllte Nudeltaschen mit Ricotta, Haselnuss und Aprikosen

Das ist eher ein Dessert – man kann es sich einfach machen und dafür die hauchdünnen Wan-Tan-Hüllen aus dem Asia-Laden verwenden. Ob man Ricotta oder Quark für die Füllung nimmt, ist in diesem Fall egal, da kein grünes Gemüse oder Kraut im Spiel ist, das sich durch die Quarksäure verfärben kann.

FÜR 4–6 PERSONEN

500 g Aprikosen
5 EL Zucker
1 Zitrone
150 g Ricotta oder Frischkäse (Labneh)
1 Ei, getrennt
1 Tasse geröstete, grob gehackte Haselnüsse
16–24 Wan-Tan-Teigblätter
Salz
ca. 80 g Butter

TIPP Aprikosenröster nennt man in Österreich diese Fruchtsauce, die natürlich umso besser schmeckt, je reifer die Aprikosen sind.

ZUBEREITUNG 25–30 MINUTEN PLUS 20 MINUTEN RUHEZEIT UND 5 MINUTEN KOCHZEIT

Die **Aprikosen** waschen, halbieren und entsteinen, die Hälften in Schnitze schneiden. In einer Kasserolle mit 2 EL **Zucker** mischen und abgedeckt 20 Minuten Saft ziehen lassen. Dann bei mittlerer Hitze 10 Minuten leise köcheln, bis die Schnitze zusammenfallen. ● Unterdessen die **Zitrone** mit dem Sparschäler dünn schälen, die Schale in feine Zesten schneiden, diese quer in Stückchen. In eine kleine Pfanne geben, mit Wasser bedecken und einige Minuten köcheln, bis das Wasser verdampft ist. 2 EL **Zucker** darüberstreuen und köcheln, bis ein Karamell entstanden ist. Bevor der Zucker zu dunkel wird, die Zesten auf einer mit Backpapier belegten Platte verteilen und abkühlen. ● Für die Füllung **Ricotta** mit restlichem **Zucker** und **Eigelb** glatt rühren, **Haselnüsse** und karamellisierte Zesten unterrühren. Jeweils 1 EL Füllung auf jedes Teigblatt setzen, rundum mit **Eiweiß** einpinseln, das Teigquadrat zum Dreieck zusammenklappen und am Rand zusammendrücken. In leise siedendem **Salzwasser** 5 Minuten kochen – sobald sie oben schwimmen, sind die Nudeltaschen gar. ● Mit einer Schaumkelle herausheben, sofort in eine Pfanne geben, in der die **Butter** gerade eben aufschäumt. Gut durchschwenken und auf vorgewärmten Tellern anrichten. Mit den Aprikosen umgeben.

GETRÄNK Entweder ein erfrischender Apfelsaft oder Aprikosensaft, gern mit Eiswürfeln und/oder Sprudel verdünnt. Gut passt auch ein Süßwein aus Österreich, etwa aus dem Burgenland.

Apfelfleckerl mit Mandeln und Mohn

Hier haben wir uns von der wunderbaren Mehlspeisenküche Österreichs inspirieren lassen, sie steckt ja voller guter Dessert-Ideen. Die Fleckerl sind aus Nudelteig. Den muss man aber nicht selber machen, man kann breite Bandnudeln, etwa Pappardelle, oder Lasagneblätter oder einfach den Teig von der Rolle aus dem Kühlregal nehmen. Trockene Nudeln vor dem Kochen in unregelmäßige Fleckerln brechen, frischen Nudelteig lieber schneiden.

FÜR 4 PERSONEN

200 g Nudeln oder 300 g frischer Nudelteig (wie oben beschrieben)
Salz
2 säuerliche, feste Äpfel (Elstar, Cox Orange oder Topaz)
2 EL Zucker
1 EL Butter
1 Prise Zimt
100 g gehackte Mandeln
50 g gemahlener Mohn
2 EL Crème fraîche
2–3 EL eingemachte Preiselbeeren aus dem Glas

ZUBEREITUNG CA. 15 MINUTEN

Die in Fleckerln gebrochenen oder geschnittenen **Nudeln** in **Salzwasser** bissfest kochen. ● Unterdessen die **Äpfel** schälen, vierteln, das Kerngehäuse entfernen, die Viertel in Scheibchen schneiden. In einer Pfanne den **Zucker** in der **Butter** schmelzen, die Apfelscheibchen zufügen und durchschwenken, mit einer **Salzprise** und **Zimt** würzen. Einige Minuten abgedeckt dünsten, sie dürfen dabei ruhig ein kleines bisschen bräunen. ● Die **Mandeln** zufügen, jetzt die Temperatur etwas verstärken, damit auch sie bräunen, den **Mohn** und **Crème fraîche** einrühren. Schließlich auch die tropfnassen Nudeln durch behutsames Schwenken untermischen. In tiefen Tellern anrichten und die **Preiselbeeren** darauf verteilen.

GETRÄNK Apfelsaft geht immer zu einem apfeligen Dessert. Natürlich passt auch Ingwer- oder Zitronentee. Oder ein Gläschen Apfellikör.

Eiernudeln mit Feigen, Walnüssen und Burrata

Ein bildschöner Teller, der nicht viel Mühe macht. Etwa ein eleganter Einstieg ins Menü, auch ein hübscher Imbiss für einen heißen Spätsommertag – da passt der Kontrast zwischen heißer Pasta und kalter Sauce besonders gut. Außerdem gibt's dann womöglich schon reife Walnüsse, die sich in diesem Stadium noch schälen lassen, die dünne, noch weiße Haut, die die Kerne umschließt, sich abziehen lässt – so sind Walnüsse ein ganz besonderes Vergnügen! Statt Ziegenkäse ist dafür auch Burrata köstlich (herrlicher, sahnegefüllter Mozzarella, den man leider nicht immer und überall kaufen kann), aber der normale Büffel-Mozzarella wäre durchaus auch dafür perfekt.

FÜR2–4 PERSONEN (JE NACHDEM, OB IMBISS ODER VORSPEISE)

3 große Handvoll bunt gemischte Salatblätter (Kopfsalat- oder Romanaherzen, Frisée, Radicchio, Feldsalatröschen)
1 große Handvoll Kräuterblätter (Rucola, glatte Petersilie, Basilikum, Estragon, Kresse)
250 g feine Eiernudeln
Salz
2 Burrata- oder Mozzarella-Kugeln (oder ca. 200 g frischer Ziegenkäse)
4 reife Feigen

Marinade

1 gehäufter TL scharfer Senf
Salz, Pfeffer
2 EL milder Essig (Apfel-, Himbeer-, Sauerkirsch- oder Cassis-Essig)
1 Tasse gehackte Walnusskerne
1 sehr fein gehackte Schalotte
1 durchgepresste Knoblauchzehe
2 EL Olivenöl

ZUBEREITUNG 15–20 MINUTEN

Salatblätter von dicken Stielen befreien, waschen und gut abtropfen, ebenso **Kräuterblätter** von den Stielen pflücken, waschen und abtropfen. Alles grob in Streifen schneiden. ● Die **Nudeln** in reichlich **Salzwasser** bissfest kochen. ● In der Zwischenzeit **Mozzarella** in etwa 2 cm große Würfel schneiden. **Burrata** darf erst unmittelbar vor dem Anrichten halbiert oder geviertelt werden, weil sonst die Sahnefüllung ausläuft. **Feigen** waschen, den Stiel kappen, die Blütenwurzel abschneiden, die Früchte genauso würfeln. ● Für die Marinade alle **Zutaten** verrühren. Mit 2–3 EL die Salat- und Kräuterblätter anmachen, zwei Drittel davon als Bett beziehungsweise Kranz auf tiefen Tellern verteilen. ● Pasta abgießen, tropfnass mit Käse und Feigen sowie mit restlicher Marinade, Salat- und Kräuterblättern mischen. In die Mitte des Salatbetts auf den Tellern betten.

TOPPING Knuspriges Weißbrot oder Ciabatta.
GETRÄNK Ein gereifter, sehr trockener Riesling aus Franken.

Knafeh

FRISCHKÄSETORTE MIT KNUSPRIGEM ENGELSHAAR

Die feinen Nudelfäden, Kadayif oder Engelshaar genannt, findet man in jedem türkischen Supermarkt im Kühlregal. Man backt aus einem Teil davon einen Boden und aus dem Rest eine Art Deckel. Die Creme dazwischen wird einfach kalt angerührt. Die sahnige Frischkäsetorte ist spektakulär, dabei macht sie kaum Mühe und schmeckt einfach umwerfend. Allerdings ist sie leider ein schwerer Angriff auf die Figur …

FÜR 6–8 PERSONEN

400 g Engelshaarnudeln (Kadayif-Teigfäden aus dem türkischen Laden)
150–200 g Butter plus etwas zum Einfetten
500 g Mascarpone
200 g Crème fraîche
Saft und fein abgeriebene Schale von 1 Zitrone
2 Tassen heller Rohrzucker (300 g)
1 EL Rosenblütenwasser
150 g Pistazienkerne

Außerdem
Springform (Ø 24–26 cm)

TIPP Statt Crème fraîche kann man hier auch Labneh (siehe Seite 180) verwenden, den 1–2 Tage abgetropften 10-prozentigen Joghurt – er macht die Torte ein wenig leichter und gibt einen zart säuerlichen Geschmack.

GETRÄNK Ein gesüßter Tee, wie man ihn in der Türkei oder in arabischen Ländern dazu schätzt. Gern auch aus frischer Pfefferminze und mit Ingwer.

ZUBEREITUNG 30 MINUTEN PLUS 45–50 MINUTEN BACKZEIT UND MIND. 2 STUNDEN KÜHLZEIT

Den Backofen auf 200 °C Ober-/Unterhitze (180 °C Heißluft) vorheizen. ● Die **Teigfäden** aus der Packung nehmen (tiefgekühlte auftauen), vorsichtig auseinanderzupfen, bis sie duftig und locker in der Schüssel liegen. Mit flüssiger **Butter** benetzen und mit den Händen behutsam durchmischen, bis alles gut davon durchtränkt ist. ● Den Boden der Springform mit Backpapier bespannen, den Rand mit **Butter** einfetten. Für den Nudeldeckel etwa ein Drittel der Teigfäden auf dem Formboden schön gleichmäßig verteilen und etwas flach drücken. Im vorgeheizten Ofen etwa 15–20 Minuten backen, bis sie zart gebräunt sind. Etwas abkühlen lassen, dann mit dem Backpapier vom Springformboden ziehen. ● Den Springformboden erneut bespannen, den Rand mit **Butter** einstreichen. Die restlichen zwei Drittel der Teigfäden in der Backform verteilen und mit einem Fleischklopfer überall gut fest- und zusammendrücken. Die Teigfäden sollten einen dichten, gleichmäßigen Boden bilden. 25–30 Minuten hellblond backen. In der Form abkühlen lassen. ● In der Zwischenzeit für die Creme **Mascarpone** mit **Crème fraîche** glatt rühren, mit der Hälfte von **Zitronenschale** und **Zitronensaft** würzen. ● Für den Sirup 150 ml Wasser aufkochen, den **Zucker** darin auflösen und einige Minuten einkochen, dabei restlichen **Zitronensaft** und **Zitronenschale** mitkochen, zum Schluss mit **Rosenwasser** würzen. Noch warm den beiseitegestellten Nudeldeckel mit etwa 3–4 EL Sirup gleichmäßig benetzen. Mit dem Rest den in der Form abgekühlten Boden tränken. **Pistazienkerne** grob hacken und zwei Drittel davon auf dem Boden verteilen. Darauf die Creme gleichmäßig verstreichen. Zum Durchkühlen 2 Stunden (ruhig mehr) in den Kühlschrank stellen. ● Den Boden aus der Form nehmen, auf eine Tortenplatte setzen und den Nudeldeckel auflegen. Mit den restlichen Pistazien dekorativ bestreuen.

Zutaten- und Rezeptregister

Impressum

Originalausgabe Becker Joest Volk Verlag GmbH & Co. KG
Bahnhofsallee 5, 40721 Hilden, Deutschland

1. Auflage August 2024
ISBN 978-3-95453-327-5

BECKER
JOEST
VOLK
VERLAG

KONZEPT, REZEPTE UND TEXTE Martina Meuth und Bernd „Moritz“ Neuner-Duttenhofer
FOODFOTOGRAFIE Hubertus Schüler
FOODSTYLING Stefan Mungenast
PORTRÄTS Jessy Stapf
PROJEKTLEITUNG Claudia Braun
LAYOUT, GESTALTUNG Justyna Schwertner
BILDBEARBEITUNG Markus Neis
FACHLEKTORAT REZEPTE Şebnem Yavuz
LEKTORAT Doreen Köstler
DRUCK Firmengruppe Appl, aprinta druck GmbH

Kontakt Apfelgut
Neunthausen 43/45
72172 Sulz-Hopfau
www.apfelgut.de

Credits S. 6: iStock/alle12, S. 14: iStock/Andrei Iakhniuk, S. 17 links oben: iStock/fermate, links mitte: iStock/fermate, links unten: iStock/donstock, S. 23: StockFood/Michael Brauner

DANKSAGUNG
Es ist Zeit, für das, was war und bleibt, Danke zu sagen: DANKE, lieber Klaus Brock!

Für das WDR Fernsehen wurde die Sendereihe „Kochen mit Martina und Moritz“ von Imhoff Realisation hergestellt, Regie und Produktion: Arno und Sara Milena Imhoff, Redaktion im WDR: Klaus Brock.

Italienische Pasta-Sorten
MIT EI

Pappardelle

Mafalde | Mafaldine | Reginette

Tagliatelle

Cannelloni

Lasagne

Fettuccine

Conchiglioni

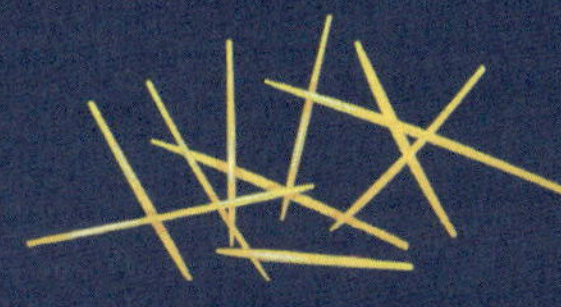

Fideo | Fidelini | Filini

Trenette | Linguine

Taglierini | Tagliolini
Capelli d'angelo

Maltagliati

Gefüllte Nudeln und Teigtaschen

Cappelletti

Ravioli | Ravioloni

Panzotti | Girasoli

Agnolini
Tortelli | Tortellini | Tortelloni

Triangoli | Pansotti

Fagottini

Mezzalune

Culurgiones

Saccottini

Pelmeni

Fazzoletti

Eine Auswahl italienischer Pasta-Sorten **ohne Ei** finden Sie auf der vorderen Klappe des Buches.